열심히 사는데
고통스럽다면,
쇼펜하우어

고통을 줄이고 행복을 새기는 27가지 방법

열심히 사는데
고통스럽다면,
쇼펜하우어

고통을 줄이고 행복을 새기는 27가지 방법

펴 낸 날	2025년 11월 18일 초판 1쇄
지 은 이	강민규
펴 낸 이	박지민, 박종천
편　　집	윤서주, 김정웅
책임편집	김현호
책임미술	롬디
마 케 팅	이경미, 박지환
펴 낸 곳	모모북스
	경기도 파주시 지목로 89-37 (신촌로88-2) 3동1층
	전화 010-5297-8303　02-6013-8303　팩스 02-6013-830
	등록번호 2019년 03월 21일 제2019-000010호
	e-mail pj1419@naver.com

ⓒ 강민규, 2025
ISBN 979-11-90408-80-6　03100

- 책값은 뒤표지에 있습니다.
- 잘못된 책은 구매하신 곳에서 교환해드립니다.
- 모모북스에서는 여러분의 소중한 원고를 기다립니다.
  투고처: momo14books@naver.com

열심히 사는데
고통스럽다면,
쇼펜하우어

고통을 줄이고 행복을 새기는 27가지 방법

강민규 지음

추천사

좋은 대학, 직장, 타이틀. 그렇게 세상이 정해준 '열심히의 기준'대로 살면 행복이 따라올 줄 알고, 정말 치열하게 살아왔다. 하지만 여전히 불안했고, 행복하지 않은 내 모습을 보며 '인생에서 진짜 행복이란 무엇일까'를 다시 생각하게 되었다. 이 책은 쇼펜하우어의 통찰을 알기 쉽게 풀어내며, 나처럼 열심히 살아왔지만 마음 한켠이 허전한 사람들에게 깊은 인사이트를 건넨다. 철학책이라고 하면 어렵고 멀게 느껴지지만, 이 책은 우리의 일상과 현실에 대입해 누구나 이해할 수 있게 풀어냈다. 불안을 넘어 진정한 행복을 찾아가는 마음가짐에 대해, 따뜻하면서도 명확하게 이야기한다. 세상은 '열심히'의 방향만 가르쳐 줬지, 나에게 맞는 '행복의 결'은 아무도 알려주지 않았다. 그래서 나는 이 책이, '열심히의 시대'를 지나 '현명함의 시대'로 나아가려는 사람들에게 가장 필요한 철학적 나침반이 되어줄 것이라 믿는다.

- **리나몬드**(KAIST 박사, 한국AI미래연구소 대표)

  열심히 살아도 마음이 허전한 날이 있다. 이 책은 그런 날의 우리를 대신해 묻는다. 왜 이렇게 노력하는데, 여전히 불안한가. 쇼펜하우어는 말했다. 삶은 고통이지만, 그 덕분에 살아갈 이유가 된다. 고통이 없다면 권태로울 것이고, 고통이 있기에 우리는 그 속에서 행복이라는 빛을 발견한다. 저자는 그 냉정한 철학을 현대적이고 따뜻한 언어로 되살렸다. 고통의 이유를 이해하고, 행복을 선택하며, 조용히 사유하도록 이끈다. 읽다 보면 문득 깨닫게 된다. 행복은 더 많이 가지는 일이 아니라, 덜 불안해지는 일이라는 것을. 삶의 이유와 소소한 행복을 찾는 이들에게, 이 책은 오래도록 남는 위로가 될 것이다.

- **억만장자 메신저**(20만 팔로워 인플루언서)

    쇼펜하우어는 세계적인 철학자, 문학가, 음악가 등 수많은 지성인의 철학자였다. 그는 인간을 이성의 존재가 아니라 의지의 존재로 보았으며, 인간이 피할 수 없는 고통을 정면으로 바라보고 그 속에서 진정한 행복의 가능성을 탐구했기 때문이다. 그런 쇼펜하우어이기에 오늘날에도 그의 철학은 인생의 의미를 묻고 행복을 찾아 헤매는 우리에게 여전히 살아 있는 통찰을 건넨다. 강민규 작가의 〈열심히 사는데 고통스럽다면, 쇼펜하우어〉는 이러한 쇼펜하우어의 사상을 우리 삶에 어떻게 적용하여 행복을 찾아갈지 그 길을 알려주는 책이다. 작가는 쇼펜하우어의 문장을 매일 필사하며 그만의 시선으로 고통을 인정하고 행복해지는 길에 대해 깊은 사유를 했다. 그 경험을 책에 담아 누구에게나 주어진 고통을 마주하는 용기, 그리고 현명하게 행복을 찾아가는 길을 제시한다. 이 책을 읽는 독자들 역시 작가가 이끄는 쇼펜하우어의 철학을 만나면서 삶의 무게로 지친 영혼이 위로받으며, 자신만의 행복을 발견하는 기회를 얻게 될 것이다.

- **온유경**(에세이스트)

프롤로그

열심히 살면 행복이 따라올 줄 알았습니다.
그래서 정말 열심히 살아봤습니다.
하지만 꼭 그렇지는 않았습니다.

이 책을 펼친 당신은 누구보다 치열하게 살아왔을 겁니다. 가정과 직장에서 최선을 다하며 좋은 부모, 자녀, 동료가 되려 노력하셨겠죠. 오늘의 노력을 통해 내일의 행복을 만들 수 있다고 믿으며, 하루하루 묵묵히 버텨왔을 것입니다.
그렇지만 마음 한편이 불편하실지도 모릅니다.
"이렇게 열심히 사는데, 왜 나는 여전히 불안할까?"
"왜 나보다 노력하지 않는 사람보다 행복하지 못한 걸까?"
참아내며 살아왔지만, '조금만 더 참자'는 말로는 더 이상 위로받지 못하는 순간이 오기도 합니다.

"인생은 불행해지기는 쉬워도 행복해지기는 어렵다."라고 쇼펜하우어는 이야기합니다. 특히 나이가 들수록, 각자도생해야 하는 이 세상에서 더욱 그렇죠. 왜일까요? 아무도 행복에 대해 제대로 알려주지 않았기 때문입니다. 부모님도, 선생님도, '열심히 살아라'고만 하셨지, 진정한 행복을 찾는 법은 가르쳐 주지 않았으니까요.

그래서 지금, 쇼펜하우어를 읽어야 합니다. 그는 고통을 피할 수 없는 인간의 운명이라고 냉정하게 바라봤지만, 동시에 그 속에서도 어떻게 행복한 인생을 찾아갈 수 있을지 깊이 탐구했습니다. 그의 철학은 '삶이 왜 괴로운가'를 넘어 '그럼에도 어떻게 살아야 하는가'를 알려줍니다. 즉, 불행의 구조를 이해

함으로써 행복의 가능성을 깨닫게 하는 철학입니다.

　이 책은 그런 쇼펜하우어의 통찰을 따듯한 언어로 풀어낸 27가지 이야기입니다. 지친 마음을 다스리고, 불안을 넘어, 진정한 행복을 찾아가는 방법에 대해서 친절하게 이야기합니다. 큰 고통에도 흔들리지 않고 권태에도 무너지지 않는 인생을 만드는 방법을 이야기합니다.

　지금 이 책을 든 당신이라면, 충분히 열심히 살아왔습니다. 이제는 그냥 '열심히'가 아니라 '현명하게' 행복하게 살아야 할 때입니다. 그 길을 안내해 줄 사람이 바로 쇼펜하우어입니다. 그와 함께라면 당신은 결국 행복해질 수 있습니다. 아니, 반드시 행복해질 것입니다.

바라보기만 해도 웃음이 나는, '행복이란 이런 거구나'라는 걸 알려주는 소중한 딸 리아. 리아의 앞날에 찾아올 고통을 슬기롭게 이겨내고 행복을 더 깊게 느꼈으면 좋겠다. 그 행복에 힘이 되기 위해, 아빠도 꾸준히 읽고 쓰며 살아갈게.

감사합니다.

2025년 11월 강민규

목차

프롤로그 8

1장

고통을 알아야 위태롭지 않다

1. 욕망 - 고통의 씨앗 20

2. 상상력 - 고통의 진화 30

3. 불만 - 고통의 시험대 44

4. 불행 - 고통의 잔재 53

5. 분노 - 고통의 폭발 62

6. 그리고 반복 73

2장

고통은 생각보다 가볍다

1. 굳은살을 만들어야 한다 *86*
2. 적당히 그리고 새롭게 *95*
3. 애매한 목표는 고통스럽게 한다 *105*
4. 고통의 그릇을 키워야 한다 *114*
5. 기꺼이 감수해야 할 좋은 고통 *122*
6. 고장 난 저울에 고통을 올려두지 마라 *129*
7. 깃털 같은 불행은 무시해라 *138*

3장

행복은 깊게 느껴야 한다

1. 행복의 말뚝 *150*

2. 지극히 충분한 75% *159*

3. 바람직한 현실과 이상의 비율 *168*

4. 반딧불처럼 견뎌내라 *176*

5. 몰입은 행복을 만든다 *183*

6. 행복을 담아두는 시간 - 관조 *193*

7. 폭싹 속아야 합니다 *200*

4장

7가지 행복의 말뚝

1. 너무 큰 기대를 하지 말자 *214*

2. 고슴도치처럼 사랑하기 *222*

3. 좋은 희생 *233*

4. 좋은 태도는 좋은 운을 끌어당긴다 *241*

5. 지적인 행복 - 창조 *251*

6. 성공은 채우는 것 *259*

7. 눈덩이처럼 커지는 행복 *268*

에필로그 *279*

1장

고통을 알아야 위태롭지 않다

'지피지기면 백전불태'라고 손자는 이야기합니다. 적을 알고 나를 알아야 백 번 싸워도 위태롭지 않다는 말이죠. 전쟁터만 아니라 우리 인생에도 이 말은 적용됩니다. 매일 아침, 우리는 지친 마음과 불안을 안고 하루라는 전쟁터로 뛰어듭니다. 가정에서든 직장에서든 비교와 경쟁 속에서 이기기 위해 살아갑니다. 하지만. 세상과 자기 자신을 알지 못한 채 무턱대고 싸우다 보면 인생은 위태로워지고 힘들어집니다. 그래서 '왜 열심히 사는데 인생이 고통스러울까?'라는 질문에 도달하게 됩니다.

잘 알지 못하고 이 고통과 싸우다 보면, 불쑥 찾아오는 불안과 '이게 다 뭘까?'라는 허탈함이 우리를 흔들어댑니다. 게다가 끊임없이 무언가를 원하고, 채우기 위해 애쓰다 보면 마음은 무거워지고 행복과는 점점 멀어지죠. 행복을 위해 이렇게 노력하는데, 그 욕망과 노력이 오히려 행복과 점점 멀어지게 만들곤 합니다.

쇼펜하우어는 단지 '괜찮다'라고 위로하지 않습니다. 그는 솔직하게 이야기합니다. '당신의 지친 마음은 욕망에서 비롯되지만, 욕망을 다스릴 수 있다면 행복은 멀리 있지 않다'라고요. 이 장에서는 고통을 줄이기 위해, 고통이 어떻게 만들어지는지 알아보는 시간을 가져보겠습니다.

우리의 욕망은 결핍을 만듭니다. 결핍은 불안과 불행이란 감정을 만들죠. 이들이 모여 분노로 이어지며 결국 고통을 만들어냅니다. 이러한 과정이 반복되면서 우리의 삶이 고통스러워집니다. 이 고리를 알 수 있다면 여러분은 자신을 불안의 덫에서 꺼낼 수 있을 것입니다. 더 가벼운 마음으로 자신만의 행복을 찾을 수 있습니다.

고통에 대해서 잘 알아야 고통 때문에 위태롭지 않을 테니까요.

욕망

고통의 씨앗

인간의 욕망은 한이 없기에 결핍감과 불만은 잦아들지 않는다. 그리고 일시적으로 욕망이 충족되어도 인간은 곧 권태를 느껴 새로운 욕망에 시달린다. 물질이 풍족하지 않으면 궁핍해서, 풍족하면 권태로워서, 욕망이 있으면 그 욕망을 채우지 못해서 시달리게 되는 것이 인간이다.[1]

"민규야. 사는 게 재미없다. 무엇을 해야 인생이 재미있을까?"

최근 친구들과 직장 동료들에게 자주 받는 질문입니다. 마흔, 인생의 전반전이 끝나가는 이 시점에 무엇을 시작하기엔 애매하고, 가만히 있자니 권태로운 (아직)청춘들의 공통적인 고민입니다.

  10대 시절부터 각자의 목표를 향해 열심히 엔진을 돌리며 살아왔던 청춘들. 그 목표에 도달했을지도, 그 중간쯤에 있을지도 모르지만 10~20년이 지난 연식의 엔진은 더 이상 과거처럼 열정적으로 돌아가긴 어렵습니다. 그리고 그렇게 열심히 달려 도착한 현실은 생각보다 아름답지 못하기에 재미가 없고 권태롭습니다. 열정적으로 무언가를 시작하기 망설여지기도 하죠.

  젊은 시절, 청춘이라는 엔진은 우리를 어딘가로 데려다주었지만, 상상만큼 좋은 곳은 아닙니다. 돈을 열심히 벌어서 부자가 되어도 막상 부자가 되면 허무합니다. 열심히 일을 해서 승진을 했지만, 또 다른 경쟁 속에서 무한히 돌아가며 살아갑니다. 열심히 자녀들을 키워보지만, 부모 마음을 알아주지 못하는 자녀들이 야속하기도 하죠. 이렇게 고통을 이겨내며 열심히 살았지만, 권태가 따라오곤 합니다. 그렇게 인생은 고통과 권태 사이를 오가는 시계추같이 우리를 흔들어댑니다.

  시작은 무엇이었을까요? 이 시계추 운동의 시작은 바로 우리의 의지였습니다. 자기보존에 대한 의지, 종족 보존에 대한 의지, 재미를 추구하려는 의지. 이 세 가지 의지가 큰 축이 되어 고통과 권태를 오가는 진자운동을 시작합니다. 배고픔의 고통을 해결하고자 먹지만 조금 지나면 음식이 보기도 싫어지고, 사랑을 받지 못해 고통스럽지만, 몇 년 후에는 사랑 때문에 고통을 느끼게 되고, 지루함을 극복하고자 재미를 찾지만, 곧 질리고 더 큰 재미를 찾고 있으니까요.

욕망을 느끼고 의지롭게 행동했다면 언젠가는 권태로워질 것입니다. 사람마다 차이는 있겠지만 결국 우리가 욕망하는 그 무언가는 우리를 권태롭게 만들 것입니다. 즉 무엇을 얼마나 욕망하는지에 따라 인생의 고통과 권태의 씨앗이 심어지는 것이죠. 사랑 때문에 권태를 느낀다면 사랑을 욕망했을 것이고, 돈이 권태롭다면 돈을 욕망했을 것입니다. 명예가 권태롭다면 명예에 대한 욕망이 강했을 테죠. 이렇게 무엇을 욕망하는지가 무엇 때문에 권태로워질 것인지를 결정합니다. 그리고 그 정도에 따라 행복의 정도가 좌우됩니다.

부모님도 선생님도 무엇을 어떻게 욕망하라고 제대로 알려준 적이 없습니다. 그래서 우리는 본능에 이끌려 욕망하고 본능에 이끌려 행동하며 살아갑니다. 그렇게 정제되지 못한 욕망이 만들어낸 본능적인 엔진의 움직임이 길을 잃게 하여 우리를 괴롭힙니다. 욕망을 이루고자 최선을 다한 사람에게는 성취 후의 권태감을, 최선을 다하지 못하거나 방향이 잘못된 누군가에게는 실패의 고통을 안겨주는 것입니다.

모든 고통의 씨앗인 이 욕망, 우리는 무엇을 어떻게 욕망해야 우리는 덜 고통스럽고 권태로운 삶을 살 수 있을까요?

권태롭지 않을 것에 대한 욕망

그런데 인간의 의지가 노력하고 충족되고 새로 노력하여 이렇게 끊임없이 계속되는 데 인간의 본질이 있다. 그러니까 이렇게 소망에서 충족으로, 이 충족에서 새로운 소망으로 재빨리 옮겨 가는 것이야말로 인간의 행복이고 안녕이다. 충족이 이루어지지 않는 것은 고통이고, 새로운 소망이 없는 갈망은 권태, 즉 무료함이기 때문이다.[2]

충족이 이루어지지 않는 것은 고통이고, 새로운 소망이 없는 것은 권태라고 쇼펜하우어는 이야기합니다. 우리의 의지 때문에 괴롭지 않기 위해서는 주기적으로 충족이 이루어지고 이 충족이 새로운 소망으로 전환될 수 있는 것을 욕망해야 합니다. 충족하기 쉽고 그 충족으로 더 나은 성장의 욕망을 가질 수 있는 것을 욕망해야 합니다. 그래야 고통과 권태가 덜한 인생을 살 수 있는 것입니다.

충족하고 소망하고 이를 통해 다시 충족하고 소망을 반복하는 과정은 '지속 가능한 내적 가치'로 정의할 수 있습니다. 끝이 없고, 소멸하지 않는 것. 즉, 지혜, 창조, 성장과 같은 것들입니다. 반면 부, 명예, 인정과 같은 것들은 한순간의 기쁨을 주지만 외적으로 비교가 되기에 만족하지 못하고 더 높은 곳을 바라보게 합니다. 결코 충족할 수 없는 것이죠. 지속 불가능한 한순간의 외적 조건에 불과합니다.

하지만 안타깝게도 우리 사회에서는 지혜, 창조, 성장과 같은 것들을 욕망하라고 가르쳐 주지 않습니다. 지혜보다는 명문대학교에 입학하는 것을, '창조'보다는 돈이 될 만한 모방을, '성장'보다는 젊어서 크게 성공하고 노년에는 쉬는 것이 좋다고 이야기합니다. 그래서 우리는 지속 불가능한 외적 가치에 집중하며 고통과 권태를 반복하며 살게 됩니다.

과도한 고통과 권태를 피하려면, 지혜롭고 창조할 수 있으며 성장할 수 있는 것을 욕망해야 합니다. 그리고 너무 과하게 욕망하지 말고 소박하게 욕망해야 합니다. 오늘보다 조금 더 나은 내일, 지난달보다 조금 더 나아진 나의 모습을 기대하면서 말이죠. 지혜, 창조, 성장은 끝이 없고 타인이 측정 불가능하기에 이런 것들에 욕망하며 살다 보면 자연스레 삶의 무게중심이 내면으로 옮겨집니다. 무게중심이 내면으로 옮겨진다는 건 고통과 권태를 오가는 운동의 진폭이 줄어든다는 말이니까요.

과망불급

무엇을 욕망하는지도 중요하지만 어떻게 욕망하는지도 중요합니다. 아무리 좋은 지혜, 창조, 성장처럼 좋은 것을 욕망한다고 해도 그 욕망의 방식이 잘못되면 우리는 지혜롭지 못하고, 창조하지 못하며, 성장하지 못해 괴로울지 모르니까요.

적당히 욕망하시기 바랍니다. 뭐든 과하면 병이 됩니다. 아무리 좋은 사랑도 과하면 스토킹이 되고, 지혜도 과하게 욕망하면 궤변처럼 변합니다. 성장도 과하면 성장통에 아파 포기하게 되죠.

'적당히' 참 좋은 말이지만 어려운 말이기도 합니다. 어떻게 해야 적당히 욕망할 수 있을까요? 소유욕을 내려두고 호기심으로 세상을 바라봐야 적당할 수 있습니다. 지혜를 '갖고 싶다' 대신 '궁금하다'로 지혜에 대해 욕망을 시작하고, 훌륭한 창조물을 '만들고 싶다' 대신 '이런 창조물은 어떨까?'라는 질문으로 시작해야 합니다. 소유에 대한 욕망은 집착의 시작이기에 우리를 괴롭게 하기 쉽습니다. 가지려 하지 말고 아이 같은 호기심으로 다가가고 시작해야 합니다. 과하게 욕망하면 아니 욕망하는 것만 못하니까요.

내 욕망을 욕망하자

내 욕망은 과연 나의 욕망인지 끊임없이 고민하세요. 잠자는 시간 빼고 휴대전화 속 콘텐츠에 노출된 우리는 무언가를 섣부르게 욕망하기 쉽습니다. 그리고 그 사회적 욕망이 곧 나의 욕망이라고 착각하기 쉽습니다. 하지만 곧 알게 되죠. 금세 포기하거나 흥미가 떨어진 자신을 보면서 이는 나의 욕망이 아니었다는 것을요. 무언가를 욕망하기 전에 나에 대해 우선으로 알아보아야 하는 이유이기도 합니다.

나에 대해서 모르겠다면 다음의 질문을 자기 자신에게 던져 보시고 솔직하게 답변해 보시길 바랍니다.

- 지금까지 내가 진실로 사랑한 것
- 내 영혼이 더 높은 차원을 향하도록 이끌어준 것
- 나에게 기쁨을 안겨주는 것

- 내가 몰입했던 것

　이 질문들의 답의 교집합. 그것이 내가 진정 욕망하고 노력해도 괜찮은 지속 가능한 대상입니다. 지금 당장 고민한다고 답을 찾지 못할지도 모릅니다. 꾸준히 오랫동안 생각하고 행동해 봐야 알 수 있는 것입니다. 내 진짜 욕망을 아는 것은 생각보다 쉽지 않습니다.

　욕망의 대상은 외적인 결과가 아닌 내적 경험이 되어야 합니다. 외적인 결과는 내 마음대로 되는 것이 아닙니다. '베스트셀러 작가가 되고 싶다', '임원이 되고 싶다'와 같은 것은 내 노력과 이 세상의 도움이 수반되어야 하는 것이죠. 이 세상의 도움을 끌어내는 것도 능력이긴 하지만 그건 100% 내 마음처럼 되는 건 아니니까요. 베스트셀러 작가가 되고 싶다는 욕망보다는 '힘든 사람에게 도움이 되는 글을 쓰고 싶다'가 '임원이 되고 싶다'보다는 '조직에서 내 역할을 성실히 해야겠다'가 더 중요한 욕망의 대상이 되어야 하는 것입니다. 그래야 주기적으로 욕망이 충족되어, 또 다른 목표가 되는 지속 가능한 욕망을 품을 수 있는 것입니다.

　의지나 욕망을 부정하고 싶지는 않습니다. 우리를 움직이는 엔진이니까요. 좋은 욕망을 바람직한 방법으로 오래도록 품어야 합니다. 그래야 덜 고통스럽고 덜 권태롭습니다.

신체가 그릇이라면 내용물은 의지다. 따라서 자신의 의지를 깨닫지 못한 채 살아왔다는 것은 그릇의 가치로 살아왔다는 것과 동일한 의미다. 그러나 안타깝게도 대다수 사람은 한 개의 그릇으로 생을 마감하고 있다. 운이 나빴다, 타고난 복이 없었다는 등 갖가지 변명이 난무하고 있으나, 결국은 쓸데없는 망상일 뿐이다. 사람이 그 일생에서 뜻을 이루지 못하는 까닭은 첫째로 그릇에 내용을 담지 않았기 때문이며, 둘째로 내용을 준비하되 그릇을 소홀히 했기 때문이며, 셋째로 그릇에 맞는 내용을 준비하지 못했기 때문이며, 넷째로 내용에 맞는 그릇을 준비하지 못했기 때문이다.[3]

부모님이 주신 훌륭한 그릇에 어떤 색의 의지를 담고 살고 계신가요? 어떤 행동으로 그릇을 채우고 계시나요? 그 색과 채움의 정도는 여러분의 훌륭한 그릇에 어울리나요?

늦지 않았습니다. 지금이라도 그릇에 어울리는 맑은 색의 내용을 담을 준비를 하고, 하루하루의 노력으로 채워나가면 됩니다. 아무리 탁한 물도, 조금씩 맑은 물을 담다 보면 결국 투명해지기 마련이니까요. 그렇게 살다 보면 덜 고통스러운 의지를 채울 수 있습니다. 더 이상 사막 속의 고장 난 엔진처럼 살지 않을 수 있습니다. 고통과 권태를 피하며 나이가 들어서도 즐겁게 날아갈 수 있습니다.

고통과 권태를 만드는 의지는 시간이 지날수록 강해지기도 합니다. 우리 마음속의 '상상력'이 의지를 더 선명하게 만들곤 하니까요. 이 상상력의 선명도에 따라 때로는 과하고 때로는 희미한 의지가 생기기 마련입니다. 다음 장에서 이야기 할 좋은 상상력이 필요한 이유죠.

행복을 찾는 방법 1

'욕망을 다스려야 행복해진다.'

고통의 씨앗을 심지 않기 위해서는,
지속 가능한 진정한 나의 욕망을 적당히 욕망해야 한다.
눈에 보이고 남들에게도 좋아 보이는 욕망은 곧 권태로 돌아올 테니까.

2
상상력

-
고통의 진화

우리의 행복이나 불행과 관련한 모든 일에 상상력을 억제해야 한다. 무엇보다 공중누각을 쌓아서는 안 된다. 쌓아 올리자마자 한숨을 쉬면서 다시 허물어뜨리면 그 대가가 너무 크기 때문이다. 하지만 그보다는 단순히 일어날지도 모르는 재난을 눈앞에 떠올리며 미리 불안해하지 않아야 한다. 상상력은 판단할 수 있는 것이 아니라 쓸데없이 때로는 매우 곤혹스럽게 마음을 움직이는 단순한 영상만 눈앞에 보여 주기 때문이다.[4]

의지를 품는 순간 우리의 상상력은 그림을 그려냅니다. 소개팅 상대를 만나자마자 결혼해서 아이를 낳고, 아이 이름은 뭐라고 지을지. 로또를 구매하면 1등 당첨이 되었을 때 무엇을 살지. 책을 쓰기 시작했다고 베스트셀러가 되는 상상처럼요. 이런 상상해 보신 적 있으시죠? 그런데 그 상상이 이루어지신 적 있나요?

이런 상상외에도 우리는 여러 가지 상상을 하면서 삽니다. 어떤 책에서는 생생하게 상상하면 이루어질 테니, 생생하게 상상하라고 이야기도 하죠. 그리고 상상보다는 말이 더 강렬하니 긍정 확언을 통해서 더 강력하게 상상하라고 하기도 합니다. 생생한 상상과 긍정 확언 모두 좋습니다. 이 상상으로 인해 우리의 행복이 유지될 수 있다면 더더욱 좋지요. 하지만 모든 상상의 결과가 아름답지만은 않기에 좋은 상상을 해야 합니다.

나이가 들수록 하는 상상은 크게 거창하지 않습니다. 나와 가족이 크게 아프지 않고, 서로 사랑하고 화목하게 지내며 행복하게 살기를 바랍니다. 엄청난 부까지는 아니더라도 경제적으로 부족하지 않게 살며, 직장에서도 제 역할을 하며 노력에 비례하는 명예를 얻으며 사는 상상을 합니다. 어려서는 꽤 거창한 상상을 하고 살았지만, 현실을 조금 알게 된 후에 우리는 평균보다 조금 높은 현실과 이상 사이의 적당한 삶을 상상하며 살곤 하니까요.

이 적당한 상상처럼 살고 계시나요? 만약 그렇다면 행복하게 살고 계신 겁니다. 하지만 인생은 얄궂고 상상처럼 되지만은 않습니다. 상상과는 조금은, 어쩌면 많이 다른 삶 때문에 고통을 안고 살아가기도 합니다. 현실과 이상을 오가는 시계추의 움직임이 우리의 현실을 때리곤 하니까요. 그 차이가 큰 만큼 더 강하게 말이죠.

상상 때문에 우리는 고통스럽기도 합니다. 그야말로 내 상상 속의 행복은 '공중누각'이니까요. 기초도 기둥도 없는 'Air castle'에 불과하니까요. 상상만으로 그곳에 오르기 위한 현실적인 방법은 없으니까요. 저 하늘 위 누각으로 오르고자 발버둥 쳐보지만 남아있는 건 현실에 묶인 날아오르지 못하는 풍선만 보이니까요.

열심히 살아도 인생이 힘든 데는 여러 가지 이유가 있겠지만, 마음이 힘든 이유 중 하나는 내가 만들어낸 '상상'대로 인생이 흘러가지 않기 때문입니다. 멋진 상상을 하고 그 상상을 실현하기 위해 나름 노력도 하며 살지만 상상은 허상이 되어버리고, 노력은 수포가 돼버리기도 합니다. 괜한 고생을 한 것 같은 느낌이 들죠. 어차피 노력해도 얻지도 못할 것을 상상이 만든 허상에 의해 '희망고문' 당했다는 생각이 들기도 합니다.

오직 하나의 꿈을 가슴 깊이 품고 있던 남자가 있었습니다. 잃어버린 사랑 데이지를 되찾고, 과거의 영광스러운 순간으로 시간을 되돌리는 것이었죠. 그는 상상했습니다. 화려한 파티와 부, 궁전 같은 저택과 로맨스를 이용해 그녀의 마음을 다시 붙잡을 수 있으리라고요. 그 상상은 그를 움직이게 했고, 그 상상을 실현하기 위해 그는 엄청난 부를 쌓았습니다. 실제로 그는 놀라울 만큼 노력했고, 그것은 그의 의지와 근성의 증명이기도 했죠.

하지만 문제는 그 상상이 너무 완벽했다는 데 있습니다. 그의 상상은 시간이 흘러도 변하지 않는 순정한 감정이었지만, 데이지는 현실 속에서 흔들리는 인물이었고, 그의 상상 속 모습과는 멀어져 있었습니다. 결국 그는 자신의 모든 것을 걸고, 허상에 가까운 꿈을 붙잡으려 했습니다. 그러나 그 꿈은 허상이었고, 그 허상을 이루기 위해 쏟아낸 노력은 고스란히 비극으로 되돌아왔습니다. 그의 인생은 상상과 현실의 괴리로 인해 무너졌고, 그가 기대한 보상은 끝내 주어지지 않았습니다. 레오나르도 디카프리오가 연기했던 〈위대한 개츠비〉의 주인공 이야기입니다.

이처럼 때로는 우리의 상상력이 만든 '이상적인 미래'가 지나치게 생생하고 구체적일수록, 현실이 그만큼 더 고통스럽게 다가올 수 있습니다. 현실과 이상 사이의 시계추가 더 강하게 현실을 때리는 것이죠.

그렇게 공중누각 같은 상상력에 몇 번 상처를 입고 난 후, 어느 순간부터 우리는 상상을 멈추곤 합니다. 특히 긍정적인 상상을 멈춥니다. 인생을 되돌아보면 내가 꿈꿔왔던 대로 흘러가지 않았고, 전혀 바라지 않던 모습대로 흘러왔기에 지금 이 정도의 내가 있는 것이니까요. 그 원하지 않던 모습은 고통이 되어서 마음속에 뿌리 잡았기에, 이 고통의 경험이 부정적인 상상, 즉 걱정을 더 많이 만들어 댑니다. 더 이상의 고통을 피하고 싶으니까요.

그렇게 상상은 희망보다는 걱정으로 가득 차게 됩니다.

상상은 꿈보다는 현실에 대한 안주로 가득 차게 됩니다.

우리의 상상력은 점점 희미해져 갑니다.

그렇게 부정적인 사람이 되어가고, 인생은 결국 고통이라고 생각하며 살게 됩니다.

그래서 어느 순간부터 우리는 도전하지 않고, 절대 손해 보지 않으려 하며, 사랑하지 않으려고 합니다. 도전해 봤지만, 남들에게 나눠줘 봤지만, 사랑해 봤지만 기쁨보다는 상처가 남은 경우가 많았으니까요. 기쁨은 짧았고 스쳐 지나간 상처는 꽤 아프고 오래갔으니까요. 이런 아픔을 또 겪지 않기 위해 아예 상상조차 하지 않는 것이죠.

그렇게 점점 우리의 인생은 굳어갑니다. 아직 우리는 쌩쌩하고 미래를 석고처럼 굳혀버리기엔 너무 다양하고 많은 기회가 있는데도 말이죠.

긍정적 상상은 강력한 행동을 만들지만…

긍정적인 상상력은 '행동'을 만들어냅니다. 주위에서 아무리 말려도 결국 하고 싶은 것들은 해봐야 직성이 풀리는 경우가 있죠. 그렇게 우리의 상상력은 우리를 도전하게 하고 위험을 감수하고 희생하게 합니다. 하지만 고민하지 않고 무작정 행동으로 옮긴 움직임은 인생을 고통스럽게 하기도 합니다. 누군가를 열렬히 나만의 방식으로 사랑했지만, 상대방의 사랑은 나와 달라서 고통스럽기도 하고요. 부자가 될 것이라는 희망이 돈의 '행동'을 만들지만 그 과정은 심리적, 정신적으로 고통스럽기도 하죠.

이렇게 상상은 우리를 움직이게 하는 원동력이 되지만, 저 멀리 있는 공중누각을 향해 무작정 쏘아 올린 화살은 다시 나를 향해서 고통스러워지기도 합니다. 긍정적 상상은 강력한 행동을 만들지만, 이 강도에 비례하여 고통스러워질 수도 있습니다. 긍정적 상상만이 최선의 답은 아닌 것이죠.

부정적인 상상은 멈춤을 만든다

긍정적인 상상력은 행동을 만들지만, 부정적인 상상력은 우리를 멈추게 합니다. 기杞 나라의 어떤 이가 하늘이 무너지고 땅이 꺼질까, 걱정하다가 식음을 전폐하고 드러누웠다는 '기우'라는 표현이 있습니다. 이렇게 부정적인 상상력은 인간의 본능까지도 무뎌지게 합니다. 고통을 피하려고만 살다 보면 결국 아무것도 하지 않는 것이 낫고, '아무것도 하지 않는 것'에는 기본적인 욕구까지도 포함되니까요. 하지만 이런 삶은 결국 본질적인 고통으로 이어집니다. 죽기 전에 하는 후회들이 있잖아요. '그때 더 재밌게 살아야 했는데', '그때 더 사랑해야 했는데'와 같은 후회 말이죠.

고민 없는 상상은 우리를 힘들게 한다

긍정적이든 부정적이든 진지한 고민 없이 만들어낸 마음속의 안개 같은 상상은 이렇게 우리를 힘들게 합니다. 긍정적 상상이 만든 희망고문 때문에 고통스럽고, 부정적 상상이 만든 기우 때문에 권태로워지니까요.

열심히 살지만, 공중누각을 바라보며 오르지 못해 고통스럽고, 아무것도 하지 않는 것은 당장은 편하지만 결국 아무것도 할 수 없는 사람이라는 허무 속으로 우리를 끌고 가는 것이죠.

참 어렵습니다. 긍정적인 상상은 내가 가진 능력을 확장해 우리를 움직이게 만들지만 결국 고통스럽게 하고, 부정적인 상상은 우리를 불안의 포로로 만들어 결국 허무하게 만듭니다. 그렇다면 어떤 상상을 하고 살아야 할까요. '희망'을 가지고 살라고들 하는데, 과연 이 '희망'을 가질 필요는 있는 것일까요? 리스크를 줄이면서 살아가라고 하는데, 이 '리스크'는 어느 정도가 되어야 건강한 '리스크'인 것일까요?

도대체 어떤 상상이 좋은 상상일까요?

상상은 계획적이어야 한다

쇼펜하우어는 이야기합니다. "행복이나 불행과 관련되는

일을 이성과 판단력의 눈으로 보아야 하며, 있는 그대로 냉정하게 숙고해 단순히 개념에 의해 추상적으로 고찰해야 한다. 이때 상상력은 동원하지 않는 것이 좋다."

이성과 판단력의 눈으로 이 세상을 보라고 이야기합니다. '이성', '판단력'. 참 그럴싸한 단어이지만 어떻게 삶에 적용해야 하는지 그림이 그려지지는 않습니다.

최근에 유행하는 MBTI로 따져보자면 다소 즉흥적인 인식형(P)의 삶보다는 계획적인 판단형(J)의 삶으로 세상을 상상하는 것이 더 좋다는 이야기일지도 모르겠습니다. J처럼 살아야 하는 것이 아니라, J처럼 미래를 상상해야 합니다.

제가 인식형(P)의 사람이라서 잘 압니다만, 인식형(P) 상상력의 문제는 저 먼 곳(공중누각)에서부터 시작한다는 것에 있습니다. 예를 들면, 가깝지만 먼 TV 속의 누군가를 보고, '나도 저렇게 훌륭한 사람이 되고 싶어'라고 생각하는 것이죠. 나와는 너무나도 먼 사람처럼 되고 싶다는 순수한 인식이 긍정적인 상상을 만들어냅니다. 게다가 그 멀리 있는 사람이 주는 '이미지'는 이성적이지만은 않기에 우리의 욕구를 감성적으로 움직입니다. 그리고 종종 성공한 사람들이 이야기하죠. '당신도 '○○'만 하면 성공할 수 있다'라고요. 하지만, 이 그럴싸한 말이 판단력을 흐리게 합니다. 정말 '○○'만 하면 성공할 것 같으니까요. 저 멀리 있는 것을 보고 시작한 상상력은 이성적이지도 않고, 정확한 판단에서 시작된 것도 아닙니다. 누군가의 이미지만 바라보고 허상에서 시작한 상상력이죠. 그야말로 공중누각을 향해 걷는 것입니다.

상상은 점진적이어야 한다

고통스럽지 않은 상상의 시작은 지금, 여기, 나로부터 점진적으로 해야 합니다. 오지도 않을 미래, 잡을 수 없는 과거, 만나본 적도 없는 사람을 보면서 상상하지 말고, 지금의 나를 기준으로 상상해야 합니다. 공중까지는 아니어도 위로 올라가기 위해서 다음 계단을 밟고 올라갈 상상을 해야 하는 것이죠.

1년 후, 지금보다 2배 돈을 벌고 싶으신가요? 그렇다면 2배 많이 돈을 벌고 있을 1년 후를 상상하지 마세요. 그런 뜬구름 잡는 상상력은 아무런 도움이 되지 않습니다. 대신 다음 달에는 이번 달보다 5.95% 많은 수익을 만들기 위해 지금 당장 무슨 일을 해야 할지 생각하세요. 겨우 5.95%라고요? 아니요. 5.95%씩 1년 동안 상승하면 1년 후에는 2배의 수익이 됩니다. 당장 2배의 월급을 만드는 것은 어렵지만, 다음 달에 5.9%의 상승을 만드는 건 그보단 현실적이니까요. 2배를 받는 상상보다는 5.95%를 올리는 상상은 더 이성적이며 판단 가능한 수준에서 우리를 행동하게 합니다. 그리고 5.95%가 아니라 3%만 달성했다 하더라고 고통스럽지 않겠죠. 희망을 보았으니까요. 그리고 이 자신감을 가지고 다음 달에도 이어 나갈 힘이 생기기도 하니까요.

먼 미래의 상상은 허상이다

10년, 20년 후에 사랑이 넘치는 가정 속에서 아픈 가족 없이 행복하게 지내는 상상을 하시나요? 그런 모습을 상상하지만, 가족들과 시간을 보내기에 너무 바쁜 하루를 보내시진 않나요? 출퇴근 전후에만 아이들의 잠든 얼굴만 보는 부모의 삶이 그런 미래의 모습을 만들어낼 수 있을까요? 불가능하진 않아도 쉽지 않을 겁니다.

당장 내일을 상상하고 살아내야 합니다. '내일은 우리 가족들과 1시간이라도 대화하는 시간을 보내야지!', '가족의 건강을 위해서 시간을 내서 같이 놀러 가야지!' 그리고 그걸 실천에 옮기세요. 당장 내일을 위한 상상은 상상이라고 부르지 않습니다. 우리는 이를 '계획'이라고 부릅니다. 그리고 이 계획은 오늘을 움직이는 가장 강력한 힘이 됩니다. 그리고 이 힘들이 현실을 바라왔던 미래의 모습과 가깝게 만들어가는 것이니까요. 똑같지는 않을지 몰라도 그 모습과 가깝게 만들어가는 것이죠.

이성과 판단의 눈으로 세상을 사는 건 생각보다 어렵지 않습니다. 뜬구름 잡지 않고 '지금의 나'로부터 상상을 시작하는 것이 이성과 판단의 눈을 가지고 상상하는 방법입니다. 이렇게 살면 덜 허무하고 덜 고통스럽게 살 수 있습니다. 오늘보다 조금 더 나은, 오늘보다 조금 덜 괴로운 내일을 위해 오늘을 열심히 살아가게 되니까요.

> 주변이나 세상에서 일어나는 수많은 일마다 고개를 들이밀면 결국에는 공허해질 뿐이다. 역으로, 자신의 공허함을 어떻게든 채우기 위해 닥치는 대로 수많은 일에 간섭하는 사람도 있다. 호기심은 자신의 능력을 꽃 피우는 데 중요한 역할을 하지만, 우리의 인생은 세상의 모든 일들을 보고 들을 수 있을 만큼 오래도록 이어지지 않는다. 젊은 시절, 자신이 관계할 방향을 착실히 파악하고 그것에 전념하면 훨씬 현명하고 충실한 자신의 인생을 살아갈 수 있다. <니체, 방랑자와 그 그림자>[5]

꾸준함이 필요할 겁니다. 하루도 허투루 살지 않아야 할 겁니다. 하루를 쉬면 내일도 쉬고 싶어지는 게 무의식이 우리를 괴롭히는 방법이니까요. 그래서 쉽지 않을 것입니다. 하지만 이는 우리에게 매일매일이 소중한 기회인 이유이기도 합니다. 그리고 모든 사람이 성공하지 못하는 이유이기도 하고요. 오늘 하루하루를 꾸준하게 살다 보면 쓸데없는 고통과 허무함은 사라지고, 매일의 행동과 만족이 만들어내는 고통스럽지 않은 인생이 우리 앞에 펼쳐질 테니까요. 과도하게 공중누각을 오르려고 하지 않고 당장 내가 만들어갈 수 있는 바로 위로 계단을 쌓아 올리며 사는 것이죠.

그렇게 덜 허무하고, 덜 고통스러운 인생을 살아갈 수 있을 겁니다.

어렸을 때, 크면 무엇이 되고 싶으셨나요? 이제 너무 먼 이야기가 되어버렸나요? 괜찮습니다. 이제라도 다시 이성적인 상상을 통해서 오늘과 더 나은 내일을 만들어 나가세요. 불가능한 상상이 주는 고통에서 벗어나고, 부정적인 상상이 주는 걱정에서 벗어날 수 있습니다. 온전히 나를 위한 현실적인 상상으로 하루하루를 충만하게 채워나갈 수 있습니다. 상상이 만들어낸 고통에서 벗어날 수 있습니다.

매일매일 이렇게 이성적으로 상상하며 살면 고통을 줄일 수 있겠지만, 우리는 인간이기에 감정이 있습니다. 그래서 열심히 사는 현실 속에서 불만이란 감정이 생기기도 합니다. 우리는 AI도, 로봇도 아니니까요. 그리고 이 불만은 우리를 자극하여 열심히 쌓아온 이성을 무너뜨리기도 합니다. 이렇게 무너지면 헛된 상상을 다시 하게 되죠.

즉, 불만에 대한 관리가 바람직한 상상을 위한 무시할 수 없는 요소입니다. 그렇다면 이성을 무너뜨리는 시작인 '불만'을 어떻게 관리해야 하는지 이어서 이야기하겠습니다.

행복을 찾는 방법 2

'상상력을 통제해야 행복하다.'

오르지 못해 고통스러운 공중누각,
오르려 하지 않는 권태로운 나의 현실.
이 사이에서 가장 좋은 상상은 지금보다 조금 위로 올라갈 계단 한 칸을 만들 생각을 하는 것이다.
공중누각을 바라보지 말고, 다음 계단을 만들고, 그 위에 올라서서 또 다른 계단을 만들어내는 상상. 이 과정이 고통보다는 보람을, 권태보다는 기쁨이 가득한 인생으로 만들 것이다.

3
불만

고통의 시험대

더 나은 사람이 되기 위해서는 고통이 필요하다. 셰익스피어, 괴테, 플라톤, 칸트가 현실에 만족하고, 행복하게 살면서 모든 소망이 이루어졌다면 과연 시를 쓰고, 철학을 만들고, 이성을 비판할 수 있었겠는가? 우리는 불만을 통해 자기만의 철학을 발견할 수 있다. 괴테의 말처럼, 오직 고통만이 인간을 더 나은 경지로 이끈다.[6]

상대적으로 현실적 상상인 '계획', 이를 현실로 만들기 위한 '노력'. 이 두 가지를 꾸준히 하면서 사는 건 생각보다 쉽지 않습니다. 하루 이틀 정도는 그렇게 살 수 있을지 몰라도, 장기간 그렇게 살기는 쉽지 않죠. 우리의 무의식은 발전보다는 현상 유지를 좋아하고 노력보다는 휴식을 좋아하니까요. 그래서 무의식이 우리를 쉬게 하기 위해 보내는 강력한 신호가 있습니다. 바로 '불만'입니다.

'나는 왜 이렇게 못할까?'

'나는 왜 남들처럼 노력해도 왜 안 될까?'

'꾸준히 노력한다고 되기는 하는 걸까?'

불만이 만든 이 질문들은 우리를 멈추게 합니다. '그냥 생긴 대로 적당히 살자…'라는 생각과 함께 말이죠.

이런 불만 외에도 각자의 불만을 마음에 담은 채로 우리는 살아갑니다. 외모, 관계, 건강같이 거시적인 불만을 기본으로, 개인적인 상황과 인생의 과정에 따라오는 수백 가지의 소소한 불만들이 우리를 일시적, 장기적으로 괴롭히곤 하죠. 이런 불만이 심해지면 불안정해지고, 밤에 잠을 잘못 자기도 하고, 집중해서 일을 할 수도 없으며 심지어는 쉬는 것도 어려워집니다.

때로는 이런 불만들이 우리 삶에 깊이 새겨지기도 합니다. 어려서부터 외모에 대해 불만이 많은 사람들은 성인이 되어서도 외모에 트라우마를 안고 살곤 합니다. 외로움에 힘들어 본 사람은 그 외로움을 다시는 겪지 않기 위해 과하게 노력하며 살죠. 이런 트라우마와 깊은 상처는 우리의 인생을 경제적, 정서적으로 소모하게 합니다. 그래서 더 큰 고통에 빠지게 하기도 하고, 아예 포기하게 하기도 합니다. 우리의 불만이 깊이 새겨지기 전에, 나의 불만을 잘 알고 올바른 방법으로 대응해야 하는 이유입니다.

불만은 작은 상처다

상처가 나면 연고를 바르고 밴드를 붙입니다. 그대로 방치하면 덧나서 더 큰 상처가 될 수 있으니까요. 마찬가지로 불만은 우리의 감정이 앞으로 나아가다가 잠시 넘어져서 생긴 상처라고 볼 수 있습니다. 대부분의 사람이 어렸을 때 걷기 시작하고, 달리기할 때 무릎에 작은 상처가 생기는 것처럼 우리의 감정도 성장하다 보면 불만이라는 상처를 얻고 살아가는 것이죠. 피부의 상처를 치료할 때와 마찬가지로 마음의 상처에도 약을 발라주고 밴드를 붙여줘야 하는 것이고요.

하지만 눈에 보이지 않는 마음의 상처에 우리는 너무 무심합니다. 그래서 연고를 바르지 않고 밴드를 붙이지 않습니다. 그냥 방치해 버리곤 합니다. 이 방치한 불만 속으로 다른 이물질들이 들어가고 덧나다 보니 트라우마, 즉 장기적인 고통 속에서 두려움을 안고 살아가게 되는 것입니다.

불만이란 작은 상처가 결국 흉터가 됩니다. 흉터를 가진 채 영원히 살게 되는 것입니다. 하지만, 이 흉터는 보기 싫습니다. 그래서 가리고 삽니다. 얼굴 한쪽에 흉터가 있어서 사진을 찍을 때는 다른 쪽 얼굴로만 사진을 찍고, 팔에 큰 흉터가 있어서 여름에도 반팔 티셔츠를 입지 못하는 것처럼 말이죠. 불만을 제대로 처리하지 못하면 똑바로 이 세상을 바라볼 수도 없고, 힘들어도 시원하게 감정을 드러내지 못하기도 합니다.

불만을 해소하는 사람 중심으로 세상은 돈다

이 세상은 불만을 느끼는 사람 중심으로 돌아가는 것이 아니라, 불만을 적극적으로 해소하려고 노력하는 사람 중심으로 돕니다. 셰익스피어, 괴테, 플라톤, 칸트가 불만을 느끼지 못하고 현실에 안주하고 살았다면 그들의 철학은 남아있지 않았겠죠. 즉 불만을 해소하기 위해 자신만의 방법으로, 적극적으로 치료하다 보니 그들의 명저와 사상이 남아있게 된 것입니다.

불만을 통해 셰익스피어처럼 희대의 걸작을 만들자는 이야기가 아닙니다. 각자 불만의 정도와 능력에 따라서 해소할 수 있는 불만은 적극적으로 해결하자는 말입니다. 철학자들에겐

'어떻게 살아야 잘 사는 것일까?'라는 불만이 해소할 수 있는 불만이었습니다. 훌륭한 정치인은 '어떻게 국민이 잘 살 수 있을까?'라는 해소할 수 있는 불만을 가지고 있고요. 훌륭한 사업가는 '어떻게 이 세상을 편하게 만들 수 있을까?'라는 해소할 수 있는 불만을 가지고 있는 사람입니다.

니체는 근대의 기독교적 도덕에 대한 불만을 품고, '위버멘쉬'와 '아모르 파티'와 같은 그의 철학을 통해 불만을 적극적으로 해결했습니다. 조지 오웰은 전체주의와 언론통제에 대해 강한 불만 의식을 가지고 이를 해결하기 위해 '동물농장', '1984'와 같은 책을 썼습니다. 에이브럼 링컨은 노예제도에 불만을 느끼고 노예해방에 대한 결단과 개헌을 추진했습니다. 지속 불가능한 환경과 교통 시스템에 불만을 느낀 일론 머스크는 테슬라와 스페이스 X로 불만을 적극적으로 해결하고 있습니다.

자신만의 불만 해소 습관이 필요하다

그들이 불만을 해결한 결과만 보니 너무 먼 이야기처럼 들릴 수도 있습니다. 하지만 저 하늘의 왕국 같은 위인들의 결과 밑에는 그들의 이성적이고 현실적인 상상, 불만을 해결하고자 하는 습관이 녹아있습니다.

　니체는 혼자 있는 시간을 중시하면서 치열하게 글을 썼습니다. 글을 통해서 본인의 불만을 해결하고자 걸으며 생각을 정리하고 행동에 옮겼죠. 일론 머스크는 모든 일을 가장 단순한 원칙으로 해결합니다. 그의 불만도 마찬가지입니다. 복잡한 이메일을 싫어해서 '가장 짧고 명확하게'라는 의식적인 시스템 개선으로 불만을 해결했습니다. 그리고 이런 습관은 단순한 메일로만 그치지 않습니다. 모든 복잡한 것들을 단순화해서 생각하죠. 막연히 비싸 보이는 로켓 개발비에 대해서도 '로켓은 왜 비싸지?', '로켓의 재료비는 얼마지?'와 같이 세분화하며 새로운 원가구조를 설계하죠.

　스티브 잡스는 작은 불만들을 감성적으로 해결했습니다. 쓸데없이 복잡한 것을 싫어하는 그의 불만 해결 방식은 미니멀리즘입니다. 이런 그의 불만 해결 방식은 휴대폰으로 이어집니다. 전화는 휴대폰으로 하고, 문서작업은 컴퓨터로 해야 하고, 음악은 MP3로 들어야 하는 복잡한 삶의 방식을 그만의 불만 해결 방식인 '미니멀리즘'이라는 개념으로 해결했습니다. 그리고 그 결과가 아이폰입니다. 가장 단순하지만 가장 많은 기능을 가지고 있던 기계가 세상을 이롭게 하고, 세상을 바꾸게 된 것이죠. 꽤 위대한 일을 한 인물들도 사실 자신만의 불만 해결 방식을 이 사회에 적용하다 보니 세상을 바꿔나가고 있는 것입니다.

어떤 불만을 가지고 계시나요? 그 불만을 해결하는 자신만의 방식이 있으신가요?

정답은 없습니다. 어떤 방식이든 좋습니다. 하지만 일관된 해결 방식을 갖는 것이 좋습니다. 그 불만을 해소하는 자신의 방식대로 작은 일부터 큰일까지 해결하는 것이 좋습니다. 뭐든 적응하려면 시간이 걸리는 법인데 평소에 하던 방법을 확대 적용하는 데는 큰 노력이 필요하지 않으니까요.

거창하고 그럴싸한 개념이 아니어도 됩니다. 저는 불만 해결을 위해 '정리'를 합니다. 책상에서 글이 써지지 않을 때는 책상 정리를 합니다. 그러면 글이 써지지 않는 불만이 가라앉고 새로운 마음으로 글을 써나갈 수 있습니다. 너무 해야 할 일들이 많을 때는 불필요한 일들을 정리합니다. 책상 위에 읽다 만 책처럼, 의자 위에 걸려있는 옷처럼 치워도 괜찮은 일들이 생각보다 많이 괴롭히고 있으니까요. 사람 때문에 힘들다면 과감하게 관계를 정리하기도 합니다. 이 책도 결국 정리를 하면서 만들어갑니다. 수십 번의 퇴고를 하지만 쓸데없는 부사와 미사여구 정리를 하는 과정입니다. 너저분하게 사용한 접속사와 부사를 정리하다 보면 해야 할 말만 담백하게 남으니까요.

불만이라는 상처를 치료하는 자신만의 방식을 만드시길 바랍니다. 상처를 방치한 채로, 아픈 채로 그냥 사는 것도 습관이 됩니다. 그리고 이 습관은 인생에 고통이라는 깊은 흉터를 새겨냅니다.

철학 책을 쓰지 않아도, 스마트폰을 만들지 않아도 됩니다. 나에게 주어진 불만을 나만의 방식으로, 적극적으로 해결하세요. 작은 불만에 연고를 바르고 밴드를 붙여주다 보면 새살이 생깁니다. 우리를 큰 고통에 빠지지 않게 도와줍니다.

내가 느끼고 있는 불만에 대한 해결을 통해 트라우마를 방지할 수 있습니다. 하지만 가끔, 어쩌면 종종 '불행'이라는 것이 우리를 찾아오기 마련이죠. 그리고 이 불행 때문에 자신의 운명을 탓하며 고통스럽기도 하고요. 이러한 불행에 대해 어떻게 대처해야 하는지에 대해서 이어서 이야기해 보겠습니다.

행복을 찾는 방법 3

'작은 불만들을 치료해야 행복해진다.'

작은 불만에 귀 기울이기.
그리고 일관된 나만의 방식으로 하나씩 해결하기.
불만이 쌓이다 보면,
상처가 되고 흉터로 남아,
내 인생을 괴롭힐지도 모르니까.

불행

-
고통의 잔재

불행이 터졌을 때보다 불행이 지나간 후가 더 중요하다. 그 일이 벌어지지 않았기를 기대해봐야 소용없다. 불행의 원인이 되었을지도 모르는 자신의 태만이나 무모함, 불성실을 후회하기에도 늦었다. 불행은 그 자체로 징계다. 불행이 이미 지나갔는데 자기 징계를 반복하는 것은 그 자체로 또 다른 불행을 불러오는 비극이 된다. 명백히 저지른 실수에 대해 변명하거나 축소하거나 미화할 필요는 없다. 깨끗이 인정하고 징계를 받고 우연히 생긴 비극으로 인생의 페이지에 적어둔 뒤 책장을 덮어버리면 그만인 것이다.[7]

불안이 마음속에 오랫동안 머물다 보면, 인생 자체가 불행하다고 착각하기 쉽습니다. 내 인생은 행복해질 수 없는 운명이며, 남들처럼 운이 따라주지 않다고 하늘을 원망하기도 하죠. 그래서 희망을 잃고 고통을 극복하려는 노력도 하지 않고 그냥 되는대로 살기도 합니다. 불행한 인생이라고 정의하고, 건강한 행복을 바라지 않으며, 로또 당첨 같은 비현실적인 행운만을 바라며 살기도 합니다.

불행한 사람들에겐 공통점이 있습니다. 그들은 불행을 계속 곱씹어댑니다. 불행은 추억이 아닌데 지나치게 회상하며 감정을 불행으로 채웁니다. 불행은 마치 껌과 같아서 아무리 씹어도 줄어들지 않고, 씹을수록 딱딱해지죠. 불행을 품고 있으면 좋은 생각이 들어올 수 없습니다. 마찬가지로 딱딱한 껌을 계속 씹으면 좋은 음식을 먹지 못하고 턱만 아픕니다. 이렇게 불행을 계속 씹는 것은 신체적으로나 영양상으로 모두 좋지 않습니다.

맛있는 음식을 먹기 위해서 껌을 뱉어내야 하는 것처럼, 행복을 얻기 위해서는 불행을 뱉어내야 합니다. 이미 불행이라고 정의한 일은 교훈을 줄 수는 있어도 행복이 될 수는 없습니다. 인생의 전환점이 될 수 있어도 인생의 종착점이 될 수 없고, 트라우마가 될 수는 있어도 좋은 기억이 될 수는 없습니다. 그래서 한 번에 뱉어버리든, 잘게 잘라서 조금씩 뱉어버리든, 어떤 방법을 이용해서든 뱉어내야만 합니다. 계속 씹어봤자 몸과 마음만 힘들어지니까요.

불행을 계속 가지고 있으면 후회만 가득 찬 인생이 됩니다. 후회는 물귀신 같아서 우리의 발목을 잡고 앞으로 나아가지 못하게 하죠. 뿌리치고 앞으로 나아가야 하는데 후회가 잡고 있으니 아무리 나아가려 해도 제자리걸음만 할 뿐입니다. 아무리 벗어나려고 발버둥 쳐 보지만 바닥에 껌을 밟고 나아가지 못하는 벌레처럼요.

후회가 가득 찬 사람은 명랑한 삶을 살 수 없습니다. 불행을 뱉어내야만 하는 이유입니다. 재미있고 명랑한 것들이 가장 직접적으로 우리를 행복하게 하니까요.

명랑한 마음으로 살아야 한다

모든 자산 중에서 가장 직접적으로 우리를 행복하게 해 주는 것은 명랑한 마음이다.[8]

'명랑한 인생'이라고 하면 거부감을 느끼는 사람들이 있습니다. '이 나이에 무슨 명랑이냐…' 하면서 말이죠. 젊었을 때나 재미있게 살아야 한다고 생각하고, 나이가 들수록 진지하고 심각하게 살아야 한다고 말하곤 합니다. 명랑한 인생은 진지하지 못한 인생이라고 평가절하하는 것이죠. 하지만 웃음을 잃은 자신의 불행한 삶을 일반화하려는 자가당착일지도 모릅니다.

웃음을 잃고 명랑하게 살지 못하는 사람들은 덜 행복하고, 미래에도 행복한 인생이 되기 어렵습니다. 행복이란 건 엄청 대단한 것이 아니고, 나중에 한 번에 오는 것도 아니거든요. 순간순간의 작은 행복들이 여러 번 모여서 만들어지는 것이니까요. 고기도 먹어본 사람이 먹는다고, 행복도 느껴본 사람만이 느낄 수 있는 것입니다.

명랑한 인생이란, 젊은이들의 철없는 태도가 아닙니다. 오히려 인생을 깊이 이해한 사람만이 누릴 수 있는 차원 높은 인생의 방식입니다. 살면서 누구나 겪는 불안과 불행 속에서 명랑한 인생을 산다는 것은 고통을 이겨내고 정신적 초월을 이루었다는 의미이기도 하니까요.

오프라 윈프리는 가난과 학대, 차별이라는 깊은 역경 속에서도 명랑한 인생을 살았습니다. 어린 시절, 그녀는 외할머니의 낡은 집에서 옷조차 제대로 갖추지 못한 채 자랐고, 학대와 편견의 상처로 마음이 지칠 때도 있었습니다. 하지만 그녀는 불행을 곱씹기보다 작은 순간의 감사와 명랑한 인생을 선택했고, '어떤 고난도 나를 정의하지 않는다'라며 내면의 평온을 키웠습니다. 그녀는 오프라 윈프리 쇼를 통해 전 세계 여성들에게 공감과 희망을 전하고, 자선과 교육으로 세상을 바꿨습니다. 오프라 윈프리의 명랑함은 단순한 웃음이 아니었습니다. 그녀의 고난과 고통을 이겨내는 초월의 증거이자 이 세상을 밝히는 빛이 되기도 한 것이죠.

건강이 우선이다

아무리 부와 명예를 얻어도 행복을 가장 가까이에서 좌우하는 것은 우리의 몸입니다. 돈과 물질, 사람 같은 것들은 우리 외부에 있기에 감각의 의식화라는 과정을 거쳐서 행복이란 감정으로 느껴집니다. 건강은 이런 의식화 과정이 없기에 본능적으로 우리의 행복에 가장 크게 관여하는 것이죠. 테이블 모서리에 무릎을 부딪쳤다고 생각해 보세요. 운전 중에 폭우가 내려서 앞이 잘 보이지 않는 상황에 있다고 생각해 보세요. 행복할 수 있을까요? 돈과 물질의 소유 여부와 상관없이 육체적,

심리적 고통의 순간에는 누구나 불안하고 불행합니다.

하지만 아쉽게도 건강이 주는 행복과 감사를 느끼는 것은 젊어서가 아니고 건강에 적신호가 들어오기 시작하는 30~40대 이후입니다. 젊었을 때는 아무런 문제가 없었는데 열심히 살다 보니 몸 여기저기가 아픕니다. 이 통증은 생각보다 나의 감정에서 차지하는 부분이 큽니다. 아무것도 못 하고, 집중이 안 되고, 미래와 자녀들도 걱정되죠. 그래서 몸에 좋은 것을 찾아다니고 운동을 시작합니다. 건강이 주는 행복이 얼마나 큰지 깨달았으니까요. 가장 단편적이지만 가장 직접적으로 행복에 관여하는 건강을 꾸준히 관리할 필요가 있는 이유입니다. 괜히 부모님들이 건강에 좋은 것을 챙기시는 게 아니죠.

의식적으로라도 웃어야 한다

명랑함은 얼굴 표정에 직접적으로 드러납니다. 얼굴 중에서도 입을 통해 가장 크게 드러나죠. 굳게 다문 입으로는 웃을 수도, 아무것도 뱉어낼 수 없습니다. 안 좋은 것들만 쌓입니다. 이 어지러운 세상에서 보고, 듣고, 먹은 것 중 좋지 않은 것들은 뱉어내야 하는데 굳게 다문 입으로는 뱉어낼 수 없습니다.

'스마일'. 명랑하게 웃는 사람의 입은 열려있습니다. 열려있는 입을 통해서 불행을 뱉어내고, 주변에 행복을 선사합니다. 자연스러운 호흡일지 몰라도, 심리적으로 기쁨이 오가는 통로이자 공감하는 통로이기도 하며, 음식의 맛을 느끼고 사랑을 하는 가장 짜릿한 통로이기도 하니까요. 그리고 무엇보다 불행을 뱉어내는 가장 효과적인 통로이고요.

많이 웃는 자는 행복하고, 많이 우는 자는 불행하다.

많이 웃는 사람이 행복하다는 말은 결과론일 수도 있고 과정론일 수도 있습니다. 행복한 사람이어야 웃는 것일 수도 있고, 웃으면서 행복해질 수도 있기 때문이죠. 달걀과 닭의 관계처럼 행복과 웃음 중 무엇이 먼저인가는 중요하지 않습니다. 결국 웃음으로 불행을 뱉어내기도 하고, 불행이 머물 시간 자체를 줄이기도 하니까요.

그러기에, 아무리 불행해도 명랑하게 살아야 합니다. 외롭고 슬프더라도 억지로라도 웃어야 합니다. 그냥 웃다 보면 우연히 씹던 껌이 입 밖으로 떨어져 나가는 것처럼, 웃다 보면 나도 모르는 불안이 몸 밖으로 나가 버리니까요. 지금 뱉어내지 않고 억지로 씹고 있다가는 딱딱하게 굳어 버려서 내 몸 안의 어딘가가 막혀 병들게 될지도 모르니까요. 그땐 정말 고통스러울지도 모르니까요.

쓸데없는 진지함을 버리고 명랑하게 사셨으면 좋겠습니다. 그 누구도 쓸데없는 진지함을 좋아하지 않습니다. 웃으려 노력하지도 않으면서 인생이 불행하다고 이야기하는 건 뱉지 못하는 껌만 씹어대면서 배가 고프다고 이야기하는 것과 같으니까요.

내가 계속 씹고 있는 불행의 껌은 무엇인지 생각해 보세요. 그리고 이를 뱉어내기 위해 지금 당장 입꼬리를 당겨 웃어보세요. 무거운 불행이 조금은 가벼워지는 느낌이 들 겁니다. 그리고 더 자주, 더 크게 웃다 보면 불행은 나도 모르게 떨어져 나갈 것입니다.

결국 행복해질 것입니다. 더 많이 웃고 있으니까요.

이렇게 명랑하게 살지 못하고 내 안의 화를 밖으로 뱉어내지 못하면, 마음속이 불행으로 쌓여 뜨거운 화산처럼 되기도 합니다. 그리고 이 화산은 언젠가 폭발해 버리기도 하죠. 우리의 마음에 화가 많으면 분노라는 이름의 화산이 활동을 하고, 그 결과 폭발해 버리는 것처럼요. 이어서 이 분노에 대해서 이야기하도록 하겠습니다.

행복을 찾는 방법 4

'불행을 뱉어내야 행복해진다.'

건강, 명랑 그리고 웃음.
이 3가지만 가지고 있어도 지금 나를 괴롭히는 불행은 거의 다 잊힌다.

5
분노

고통의 폭발

분노는 즉시 그 계기를 엄청나게 확대하고 왜곡시키는 현혹을 만들어낸다. 이 현혹은 이제 다시 분노를 높이고, 높아진 이 분노 자체에 의해 그 현혹이 다시 커진다. 이런 식으로 계속 상호 작용이 고조되다가 마침내 분노가 폭발하게 되는 것이다.[9]

어렸을 때 보았던 드라마에서는 화가 나서 밥상을 엎는 아버지들의 모습이 종종 나왔습니다. 밥상을 엎는 이유도 다양했죠. 누구는 찌개가 짜다고, 또 누군가는 반찬이 적다고 이야기하다 아내와 말다툼으로 이어집니다. 그 말다툼이 또 다른 싸움으로 번져 결국 밥상을 엎는 레퍼토리였죠. 하지만 단지 찌개와 반찬 때문에 밥상을 엎는 것이 아니라는 것을 시청자들은 압니다. 불안과 불행이 마음속에 쌓여있었고, 컨디션이 별로인 날, 오가는 대화 속에서 분노가 터져버렸다는 것을요.

그 결과는 처참합니다. 반찬, 접시, 수저는 이리저리 나뒹굴고 자녀들은 울고 있죠. 집안 분위기는 말할 것도 없고, 가족들은 상처를 받습니다. 참 안타까운 그 시절의 밥상머리 분노의 결과였습니다. 그래도 다행인 건 요즘에는 그런 장면을 잘 찾아보기 어렵다는 것입니다.

땅속 깊은 곳, 마그마가 서서히 끓고 흐르다가 어느 순간 지반의 약한 부분을 뚫고 분출하는 화산. 이와 마찬가지로 분노도 처음에는 터질지 몰랐지만, 사소한 무시, 불만, 상처들이 쌓이다가 어느 순간 가장 약한 부분을 뚫고 나옵니다. 화산이 분출할 때처럼, 한순간 터져버린 분노는 뜨거운 불길이 되어 주변을 집어삼키고, 날카로운 화산재가 되어 상처를 남깁니다. 입에서 나온 말들은 땅을 덮은 용암처럼 되돌릴 수 없고, 한 번 뿜어져 나온 감정은 화산가스처럼 쉽게 식지 않습니다. 그리고 시간이 지나고 나서야 알게 됩니다. 용암이 덮은 황폐한 땅만 남는다는 것을요. 그리고 감정을 터뜨린다고 해서 마음속 불만이 해소되는 것이 아니라 또 다른 고통을 가지고 살아야 한다는 것을 말이죠.

분노는 또 다른 분노를 만든다

과학적으로 화산 폭발에는 연쇄작용이 있습니다. 한 화산이 터지면 지표면 마그마의 흐름이나 지각에 영향을 주어 주변의 다른 화산도 폭발하는 것이죠. 이와 마찬가지로 감정의 폭발도 연쇄작용이 있습니다. 내 안에 있던 또 다른 분노를 꺼내 터트리기도 하고 다른 사람의 분노까지 터뜨리곤 합니다.

쾅 하고 한 번만 터져도 충격적인 폭발이지만, 화산은 한 번만 터지지 않습니다. 두 번, 세 번 연속해서 폭발을 만들어냅니다. 우리의 분노도 마찬가지입니다. 분노가 시작되면 분노를 정당화하기 위해 분노하지 않아도 될 일들까지 분노하곤 합니다. 또한 분노 이후에 찾아올 황폐해진 모습을 보는 것이 두려워서 계속 분노하기도 합니다. 분노하고 있는 동안에는 꽤 에너제틱한 감정이 들기도 하니까요. 이 감정이 자신의 에너지라고 착각하기도 하니까요. 별것도 아닌데 화를 내는 직장 상사, 무슨 말만 하면 화를 내는 사람들이 바로 그런 잘못된 에너지를 느끼며 사는 사례이기도 합니다.

분노는 타인의 분노를 만듭니다. 눈에는 눈, 이에는 이라고, 분노하는 누군가를 상대하는 사람에게 가장 무의식적인 대응 수단 역시 분노입니다. 이 때문에 이것저것 집어 던지며 부부싸움을 하기도 하고, 야구선수들이 벤치를 비우고 경기장으로 싸우러 나가기도 하죠. 하지만 결국 분노의 끝에는 화산이 폭발하고 난 후 폐허가 된 마을처럼 상처와 공허함만이 기다릴 뿐입니다. 집안은 엉망이고 팬들은 고개를 돌리곤 하니까요.

분노의 지점이 나의 가장 치명적인 약점이다

실생활이나 문학 속에서 극단적으로 저속한 것을 만나더라도 그것을 불쾌함이나 분노의 소재로 삼아서는 안 된다. 오히려 감정을 삭이면서 차라리 자신의 성격 연구에 어느 정도 기여했다고 생각하는 편이 좋다.[10]

아무리 불쾌한 일을 겪어도 분노는 참아야 합니다. 분노가 잦은 인생의 마지막은 외로움만 남을 테니까요. 화산이 언제 터질지 모르는 주변 마을에는 아무도 살려고 하지 않듯이, 언제 터질지 모르는 사람 주변에는 그 누구도 함께하려고 하지 않으니까요. 고독이 인생에 있어서 꼭 필요하다고 하지만, 좋은 고독은 자발적인 고독이지 황폐해진 고독이 아닙니다. 굳이 타인에게 상처를 주면서 원치 않는 고독을 얻을 필요는 없습니다.

쇼펜하우어가 이야기하는 것처럼 분노가 치미는 순간은 자신의 약점을 관찰하기 가장 좋은 시간입니다. 내가 민감하게 여기는 것, 잘 못하는 것, 두려워하는 것들이 곧 분노로 이어지기 쉬운 법이니까요. 나를 분노하게 만드는 포인트가 있다면, 그 포인트가 나의 약점이며, 그 약점을 극복한다면 더 좋은 사람으로 성장할 수 있다는 방증이기도 합니다. 차원이 다른 사람으로 성장할 수 있는 좋은 기회입니다.

가끔 '존재감'이라는 쓸데없는 감정이 우리를 분노하게 합니다. 이 타이밍에 분노하지 않으면 타인이 나를 무시할 것 같다는 걱정이 쓸데없는 존재감을 만들어내곤 합니다. 그리고 '내가 살아있음'을 증명하기 위해 분노라는 방식을 빌려 '꽥!'하고 소리를 질러보는 것이죠. 결과적으로는 '난 이걸 엄청 못 참는 사람인데 더 이상 이걸로 나를 힘들게 하지 마!'라고 울며 소리치는 것과 다르지 않습니다. 나의 약점을 온 천하에 드러내는 방법이죠. 과연 그런 불필요한 존재감을 그렇게 고통스럽게 드러낼 필요가 있을까요?

없습니다. 절대 없습니다. 결과적으로 고통스럽고, 공허해지는 그 길로 내 인생을 몰아넣을 이유는 절대 없습니다. 하지만 존재감의 표출이라는 쓸데없는 본능이 우리의 감정을 속이기에 이성적으로 이를 해결해야 합니다.

분노의 이유를 알아야 한다

이성적으로 감정을 조절하기 위해 자신에게 분노가 생기는 이유를 알아내야 합니다. 분노가 생기는 가장 큰 원인은 기대와 현실과의 괴리입니다. 이 차이를 순식간에 일치시키려는 폭발이 분노이고 그리고 이는 부당함, 무력감, 배신감, 자존감, 억눌린 감정의 폭발과 같은 것들로 인해 생겨납니다.

우리의 의지가 타인에 의해 전적으로 좌우되는 부당함을 겪을 때 우리는 분노합니다. 한 명의 인간으로서 의미 있게 살려고 하지만 내 힘으로 무엇도 할 수 없고 누군가에게 종속되어 내 마음대로 살지 못할 때, 우리는 분노합니다. 그리고 아무리 노력해도 내 인생을 바꿀 수 없다는 무력감은 최후의 발악을 만들고 이 발악이 분노로 표출되기도 하죠. 자신의 믿음으로 믿었던 것이 한순간 나의 기대를 저버릴 때, 급격한 분노 속으로 들어가기도 하며, 타인의 평가에 의존하며 자존감의 한계가 찾아오면 분노를 통해서 '자존'의 느낌을 찾기도 하는 것입니다. 그렇게 불편한 억눌린 감정들이 조금씩 쌓여 불편과 불안을 만들어 기름처럼 채워져 있는데 누군가 옆에서 불을 붙여버리면 한순간에 폭발해 버리는 것이죠.

내가 부당함을 느끼는 것, 내가 무력한 것, 나를 배신할 수 있는 것, 자존감을 떨어뜨리는 것 그리고 나의 억눌린 감정을 살펴보면 내 분노의 이유들을 찾을 수 있을 것입니다. 그렇다면 분노하지 않고, 평온한 마음으로 인생을 살아가기 위해서는 어떻게 해야 할까요?

분노하지 않는 법 1 - 심리적 거리감

타인과의 심리적 거리를 두고 살아가야 합니다. 나 혼자 사는 세상에서는 크게 분노할 일이 생기지 않습니다. 결국 타인과의 관계 속에서 작은 불편, 불안, 분노가 생기고 쌓여갑니다. 이런 것들을 애초부터 만들지 않기 위해서 심리적으로 타인과 거리를 두고 살아가야 합니다. 타인과 마음을 주고받지 말자는 이야기가 아니라, 의존해서는 안 된다는 것이죠. 타인을 '통해서' 무언가를 이루거나 얻으려는 마음을 버려야 합니다. 타인은 타인대로 열심히 살아가는 사람일 뿐 나를 '위해' 사는 사람은 아니니까요. 적정 거리에서 그 사람의 취향을 존중하고 나의 취향이 방해받지 않을 정도의 거리를 유지하며 살아야 합니다. 나의 취향과 보호가 필요한 영역에 대해서 타인에게 명확히 설명해 줄 필요도 있겠죠.

분노하지 않는 법 2 - 통제와 비통제를 구분하기

또한 내가 통제할 수 있는 것과 없는 것을 구분해야 합니다. 내가 통제할 수 있는 것은 오직 나의 하루, 지금 할 수 있는 말과 행동뿐입니다. 내 과거도 통제할 수 없으며 미래도 통제할 수 없습니다. 인간관계도 통제할 수 없으며, 부의 많고 적음도 통제할 수 없습니다. 내 현실의 선택만 통제할 수 있을 뿐이죠. 그러니 오늘 나의 하루를 충분히 만족스럽게 살아내고, 그 이외의 것들에 대해서는 욕심을 갖지 말아야 합니다. 혹 내가 통제할 수 없는 것들이 잘 되는 경우, 승진을 하거나, 돈을 많이 벌거나, 명성을 얻었다면 그냥 운이 좋다고 감사하게 생각하면 됩니다. 혹 내가 통제할 수 없는 것들이 잘 풀리지 않는다면, 언젠가는 잘 풀리겠지라는 생각으로 내가 통제할 수 있는 것들을 충실히 살아가면 그만인 것입니다.

분노하지 않는 법 3 - 과도한 기대 금지

 마지막으로, 이 세상에 대단한 것을 기대해서는 안 됩니다. 가만히 있는 한 이 세상은 그 누구에게도 아무것도 주지 않습니다. 운 좋게 무언가를 얻은 것처럼 보이는 사람들도 남모르게 매일 통제할 수 있는 무언가를 한 사람입니다. 그런 하루와 운이 맞아떨어져서 무언가를 이뤄낸 것이죠. 그들 또한 그들의 하루하루를 온전히 보내는 데 집중했을 뿐입니다. '이렇게 노력을 했는데 왜 이 세상은 나에게 이리 가혹하지?'라고 생각한 적이 있다면, 이 세상에 과도하게 기대하고 있는 것입니다. 너무 큰 기대를 하지 마세요. 세상은 아무에게나 큰 선물을 주는 곳이 아닙니다. 노력하는 사람들이 그릇에 맞는 만족스러운 삶을 살 수 있는 하나의 장을 마련해 줄 뿐인 것이죠.

 나에게 피해를 준 사람에게 분노하기보단 그 역시 고통을 겪는 불행한 사람이라 생각해 보자. 그러면 분노가 어느 정도 누그러진다. 불에는 물, 분노에는 연민을 발휘하자. 그 사람에게 보복했다고 간주하고 상대방이 고통과 불행에 시달리는 모습을 머릿속에 그리며 '이게 나의 보복이다'라고 중얼거리자. 그러면 실제로 보복할 마음이 사그라질지도 모른다. 세상

에서 분노의 불길을 끄는 방법은 이 길밖에 없다.[11]

    타인을 통해서 무언가를 얻고자 했던 마음과, 통제할 수 없는 것들에 대한 욕심 그리고 마음대로 풀리지 않는 이 세상에 대한 분노를 거두셨으면 좋겠습니다. 분노하지 않아도 잘 살 수 있고, 충분히 의지대로 살 수 있으니까요.

    하지만 나이가 들수록 어떤 사람들은 이 세상에 많은 것을 바라고, 타인에게 기대하며, 통제할 수 없는 것에 욕심을 내기에 분노가 늘어가곤 합니다. 그렇게 외롭고 고독하게 늙어가는 삶. 원치 않으시겠죠.

    하와이 여행 중에 화산을 본 적이 있습니다. 화산에 올라갈 수는 없고 멀리서만 바라봐야 했죠. 오래 머물기도 힘들고, 혹시나 하는 마음에 잠깐 보고 내려온 기억이 있습니다. 우리의 인생이 그런 화산처럼 되지 않았으면 좋겠습니다. 대신 좋은 경치와 아름다운 꽃과 나무가 자라나서 사람들이 찾아오고 쉬고 갈 수 있는 아름다운 산이 되었으면 좋겠습니다. 그런 인생은 고통스럽지 않고 참 즐거운 인생이 될 테니까요.

    의지를 가지고 사는 우리들은 상상하며 불만과 불행을 느낍니다. 그리고 이는 분노로 폭발되어 나와 타인의 고통으로 전염되죠. 그런데 문제는 이 패턴이 한 번으로 그치지 않고 계속 반복되며 우리를 지속적으로 힘들게 한다는 데 있습니다. 종류는 다르지만 비슷한 방식으로요. 이어서 이 '고통스러운 반복'의 고리를 피하는 법에 관해서 이야기해 보겠습니다.

행복을 찾는 방법 5

'분노하면 절대 행복해질 수 없다.'

분노의 순간은 내 인생에서 가장 약한 틈이 드러나는 때다.
분노한다는 것은, 소중한 인생을 내 약점에게 약점 잡히는 것이다.

6
그리고 반복

형태의 행동이 그림자에 의해 반복되는 것처럼, 그 자의식은 의지의 행동이 그 형태에 의해 동시에 반복되는 것을 보게 된다. 이것으로부터 자의식은 양쪽의 정체성을 추론하고 그것을 '자아'라고 부른다.[12]

한 번 해보는 것은 단순 경험이고, 꾸준히 반복하는 것들이 내 인생에 깊게 새겨집니다. 오늘 하루 운동을 하면 근육통이 생기지만 운동을 반복하면 근육이 됩니다. 오늘 한 편의 글을 쓰면 포스팅이지만, 포스팅이 반복되고 모이면 책이 됩니다. 오늘의 실수는 해프닝이지만, 실수를 반복하면 실패한 인생이라고 느껴집니다. 잠깐 웃으면 기쁨이지만, 매일 웃으면 꽤 행복한 인생이 되기도 하고요.

어렸을 때는 장난감이 갖고 싶다는 욕망을 떼를 쓰며 분노로 표출하지만 얼마 지나면 시시해져서 구석에 처박혀있는 장난감이라는 권태를 마주합니다. 조금 커서는 외롭지 않으려는 욕망으로 열심히 짝을 찾아 나서지만, 불만과 불행을 견디지 못하고 분노를 표출하며 고통과 권태를 오가죠. 더 커서는 젊은 시절 새겨진 고통과 권태가 '자아'가 되어 이젠 아무것도 할 수 없는 사실 자체가 고통과 권태로 남아있기도 합니다. 이렇게 우리는 종류만 다를 뿐 비슷한 고통과 권태를 반복하며 살아갑니다. 그렇게 고통과 권태가 인생에 새겨지고, 이 과정에서 나의 고통과 행복이 삶에 새겨집니다.

어떤 욕망을 품고 어떤 상상을 하며 어떤 불안과 불행을 담아 분노로 터트리는지가 하나의 에피소드가 되고, 이 에피소드의 반복이 우리 인생에 반복적으로 새겨집니다. 그리고 일련의 인생이 '자아'를 형성하고 행복 혹은 고통을 저울질하는 것이죠. 우리는 그 결과를 감정으로 느끼곤 합니다. '나는 행복한 사람이다.' 혹은 '내 인생은 고통스럽다.'처럼요.

빈센트 반 고흐와 넬슨 만델라

 죽은 형 대신 살아야 한다는 우울한 운명을 안고 태어나서, 열심히 노력했지만, 그에 비해 인정받지 못하는 현실에 늘 좌절했고, 이에 따라 자신에 예술적 가치에 대해 확신을 갖지 못한 화가가 있었습니다. 특히 정신질환과 외로움 속에서 무기력하게 고통에 무너지는 반복을 겪었죠. 열심히 그림을 그려서는 커피 두 잔 값도 안 되게 팔기도 하고, 어떤 이는 그의 그림을 사서는 긁어내고 캔버스만 팔기도 했습니다. 초점을 잃은 눈동자, 수척한 표정 그리고 삶의 무거운 무게를 이마로 견디고 있는 듯한 모습의 화가 빈센트 반 고흐의 이야기입니다. 고통에 저항하지 못하고 고통을 안고 사는 것이 반복되다 보니, 결국 스스로 생을 마감했습니다. 자살의 순간에도 자기 심장에 쏜 총이 심장을 빗겨나가게 되는데, 그 와중에 동생에게 "난 왜 이렇게 잘하는 것이 없지?"라고 이야기했다고 전해집니다. 그가 얼마나 큰 고통 속에서 살았을지를 상상해 봅니다. 그렇게 빈센트 반 고흐의 해소되지 못한 고통은 그림과 우울한 얼굴에 새겨졌습니다.

 남아프리카공화국 움타타의 코사족 부족장의 아들로 태어

나 인종차별에 대한 부당함을 느끼고 이를 해결하고자 적극적으로 노력한 사람. 그 과정에서 27년간의 투옥 생활도 있었지만 결국 남아프리카 공화국의 최초 흑인 대통령이 된 넬슨 만델라는 다른 방식으로 고통을 안고 살았습니다. 백인 우월주의에 맞서 싸우고자 20세기 흑인 인권운동의 선구자로 살기로 한 그는 고통을 용서와 내면 단련으로 바꾸어냈습니다. 그래서 그럴까요. 그의 사진을 보면 입꼬리가 올라간 인자한 표정으로 항상 웃고 있습니다. '삶의 가장 큰 영광은 한 번도 실패하지 않음이 아니라, 실패할 때마다 다시 일어섬에 있다.'라는 그의 말처럼 그에게 고통은 다시 일어서는 기회였습니다. 그런 삶의 자세는 그의 삶과 수많은 흑인의 삶에 밝은 빛으로 새겨졌습니다. 그의 얼굴이 띄고 있는 미소처럼 말이죠.

고통을 이겨내는 나만의 방법

고통을 어떻게 이겨내야 하는지, 이 사회는 우리에게 알려주지 않습니다. 어떤 고통은 이겨내야 하고, 어떤 고통은 무시해야 하는지, 어떤 고통은 바로 해결해야 하는지, 또 어떤 고통은 장기적으로 해결해야 하는지⋯ 부모님도 그들의 인생에서 제한된 가치관과 경험을 통해 우리에게 알려줍니다. 선생님들도 일반적인 이야기만 하죠. 지금 고통을 참고 열심히 공부해야 성공하고, 심지어는 배우자의 얼굴이 바뀐다는 이야기까지 하시니까요. 하지만 부모님과 선생님이 알려주는 고통을 해결하는 방법은 정답이 아닐지도 모릅니다. 그 시절 부모님의 말씀처럼 마냥 참고 지내다 보니 욕망과 의지가 무뎌져서 권태로운 삶이 이어지고, 선생님의 말씀처럼 내가 좋아하는 것이 아닌 사회의 기준에서 필요하다는 공부만 하다 보니 정말 좋아하는 것을 알지 못하는 현실 자체가 고통스럽기도 하니까요.

넬슨 만델라처럼 모든 흑인을 위해 고통을 이겨내는 삶을 살 필요는 없습니다. 그는 인종차별이라는 반복되는 고통에 책임감을 가지고 그만의 방식으로 이겨내려고 노력한 것입니다. 감당해야 할 고통의 스케일이 컸던 것이고, 고통을 감수하고 해결하려는 의지가 큰 사람이기도 했습니다. 이에 비례해서 불행도 많았던 것이죠. 하지만 결코 분노하지 않고 평화적인 방법으로 해결했습니다. 그렇게 그는 자신의 고통을 자신의 방법으로 이겨냈습니다. 27년간의 옥중 생활과 노역 속에서도 증오 대신 용서라는 가치로 이겨냈으며, 석방 이후의 정치활동에서도 자신을 투옥한 백인들에 대한 복수보다는 용서를 선택했습니다. 이렇게 그는 고통의 순간마다 용서라는 방식으로 해결했습니다. 이런 반복은 결국 그만의 고통 해결의 방식이 되어서 그의 인생으로 반복되고, 인자한 미소로 새겨지게 되었습니다.

    빈센트 반 고흐처럼 고통을 참아내며 사는 것도 쉬운 것은 아닙니다. 비극 같은 인생 속에서 무너지지 않으려고 그림을 그리며 자신을 구원하려고 노력했지만 언제, 얼마에 팔릴지 모르는 그림을 그리며 고통을 참아내는 건 아무나 할 수 있는 건 아니니까요. 그는 결과적인 행복이 아닌 자신만의 과정의 행복을 즐겼습니다. 이 고통에 대한 반복적인 대응의 결과, 그의 그림이 농익은 빛이 되어 오래도록 세상을 밝히고 있으니까요.

    인간이 아무리 애를 써도 삶은 기껏해야 두 종류뿐이다. 권태에 시달리든지, 고통에 시달리는 것이다. 권태도 반복되다 보면 고통이 되고, 잦은 고통도 시간이 지나면 무감각한 권태가 된다. 어차피 인간은 권태로운 존재다. 우리가 기쁨보다 고통을 사랑해야 하는 이유다. 처음에는 괴롭겠지만, 언젠가는 기쁨을 경계하고 두려워하는 단계에 도달하게 될 것이다. 이런 단계에 도달하면 인생은 더는 고통스럽지도, 권태롭지도 않

은 평범한 그 자체가 된다. 그것으로 고난은 끝이다.[13]

넬슨 만델라, 반 고흐에게만 고통이 찾아오는 것은 아닙니다. 아무리 잘 살려고 애를 써도 행복은 잠시 스쳐 가고 고통과 권태의 순환은 우리 인생에도 반복됩니다. 그리고 이 감정에 맞서 우리는 무언가를 해내며 살아야겠지요. 넬슨 만델라는 용서하며 고통을 이겨냈습니다. 빈센트 반 고흐는 창조를 통해서 고통과 싸웠습니다. 우리도 우리만의 방식으로 고통을 해결해야 합니다.

자신만의 무기가 있어야 한다

계속 찾아올 고통을 이겨나갈 자신만의 무기가 필요합니다. 무기는 변치 않아야 합니다. 변한다는 것은 깊지 않다는 것이고, 무뎌지기 쉽다는 것이니까요. 칼도 매일 써야 관리가 되어 명검이 되는 것이고, 총도 매일 쏴야 총열이 녹슬지 않겠죠. 미리 다가올 고통을 총으로 쏴버리고, 눈앞에 다가온 고통을 칼로 찌르는 것이 최상의 선택이겠지만 쉽지 않습니다. 애매하게 사용할 줄 아는 총과 칼은 다가오는 고통을 제대로 잡지 못하고 괜히 인생만 바빠질 수 있거든요. 그리고 총과 칼을 모두 잘 쓰는 건 생각보다 쉽지 않습니다. 스나이퍼들은 총이 최고의 무기고, 사무라이들은 칼이 최고의 무기입니다. 내 스타일은 사무라이인데 총을 들고 싸우는 것은 쉽지 않으니까요. 그래서 그 훌륭한 사람들도 자신만의 방식에 몰두한 것입니다.

어떤 방식으로 고통을 해결하는지 생각해 보세요. 스나이퍼처럼 저 멀리에 있는 다가올 고통을 쏘는 스타일인지, 사무라이처럼 눈앞에 있는 고통을 헤쳐가면서 살아가는 스타일인지. 적극적으로 고통을 해결하면서 살아가는지, 고통이 보이는 현실 속에서 때로는 무시하며 살아가는지. 화를 내며 고통을 이겨냈는지, 웃으면서 고통을 이겨냈는지. 그리고 각각의 결과들은 어떠했는지. 어떤 방식으로 반복적으로 찾아오는 고통을 해결하는 것이 나에게 가장 잘 어울리는지 생각해 보아야 합니다.

반복적으로 사용하는 그 무기가 나의 '자아'가 되어 인생에 새겨질 것입니다. 나의 인생관이 되고, 신념이 될 것입니다. 무기를 갈고 닦으면 닦을수록, 더 큰 고통을 이겨내다 보면 점점 더 그 믿음의 정도는 커지겠죠. 아무리 고통스럽고 힘들어도 흔들리지 않고 뚝심 있게 밀어 나가는 힘이 되겠죠. 당장 성공은 못하더라도 언젠가 성공하게 해 주는 힘. 고통스럽지도 권태롭지 않게 묵묵히 하루를 살아가는 큰 힘이 될 수 있겠죠.

이 반복되는 인생 속에서 가장 확실하게 우리를 지켜주는 건 나만의 방식으로 묵묵히 살아내는 하루하루의 삶이니까요. 이 하루들이 모여 결국 행복을 만들기도, 고통스러워지기도 하는 것이니까요.

욕망과 상상력이 그려낸 그림 속에서 불만과 불행을 느끼며 가끔 분노하는 삶. 그리고 이런 삶의 반복이 우리의 인생을 고통스럽게 합니다. 이게 바로 우리 인생의 고통이 깊어지는 과정입니다. 이어서 우리에게 찾아올 수밖에 없는 이 고통을 가볍게 만드는 방법에 관해서 이야기해 보겠습니다.

행복을 찾는 방법 6

'반복되는 고통을 해결해야만 행복할 수 있다.'

반복되는 고통과 권태가 인생이라면 우리는 이를 이겨낼 나만의 무기를 가져야 한다. 그 누구의 방식도 아닌 나만의 무기를 가져야 한다. 내가 무찔러야 할 것은 그 누구의 고통도 권태도 아닌, 바로 나만의 고통과 권태이니까.

2장

고통은 생각보다 가볍다

욕망, 상상, 불안 그리고 불행과 분노. 이들이 반복될 때, 고통은 깊어집니다. 가끔은 견딜 만한 고통으로 스쳐 지나가지만, 때로는 우리를 완전히 무너뜨릴 것처럼 밀려오기도 합니다.

성공에도 타이밍이 있듯, 고통에도 타이밍이 있습니다. 하지만 문제는, 고통의 타이밍은 우리가 가장 힘들 때 몰아서 찾아온다는 데 있습니다.

그래서 쉽게 무너지기도 합니다.

희망을 버리고, 결국 고통에 순응해 버리기도 합니다.

너무 힘드니까요.

하지만 그럴수록 무너지면 안 됩니다.

인생은 잔인하게도, 한 번 고난을 줬다고 다음엔 봐주는 법이 없습니다. 고통을 이겨내려 하지 않는 사람에게, 고통을 또다시 주곤 하니까요.

힘든 일은 누구에게나 찾아옵니다.

누군가에겐 자주, 깊숙이 찾아오지만,

누군가에겐 잠시, 스치듯 지나가기도 하죠.

고통이 스쳐 지나가는 사람은 덜 고통스럽고, 더 행복한 삶을 살 수 있습니다.

똑같이 힘든 일을 겪어도, 누군가는 무너지고 누군가는 별일 아니듯 이겨냅니다. 그 차이는 어디서 비롯될까요?

이번 장에서는, 누구에게나 찾아오는 고통을 '가볍게' 만드는 방법에 관해 이야기하려 합니다.

같은 고통이라도 더 가볍게 이겨낼 수 있다면, 우리는 더 행복한 삶에 가까워질 수 있을 테니까요.

더 높은 행복으로 날아갈 수 있을 테니까요.

굳은살을 만들어야 한다

미래의 재앙 중 다가올 것이 아주 확실한 일을 걱정하는 것만이 정당화될 수 있다. 그러나 이런 경우는 아주 극소수일 것이다. 모든 부분에서 아주 확실한 경우와, 일어날 가능성은 확실해도 발생할 시기는 전적으로 불확실한 경우로 나뉜다. 하지만 이 두 가지 종류에 신경을 쓰다 보면 더 이상 조용한 순간은 없어질 것이다. 그러므로 발생하거나 다가오는 시기가 불확실한 불행으로 인해 우리 인생의 평온함을 빼앗기지 않으려면 우리는 그것들을 결코 오지 않을 것으로 생각하고, 시기가 불확실한 것은 생각처럼 금방 찾아오지 않으리라 여기는 데 익숙해져야 한다.[14]

10대에는 좋은 대학을 못 가면 망할지도 모른다는 '입시 공포'를 안고 삽니다. 20대에는 좋은 스펙을 만들지 못하면 좋은 회사에 취직하지 못한다는 '취업 공포'를 가지고 살죠. 30대에는 지금부터 노후 준비를 하지 않으면 50대에 행복하게 살 수 없다는 '노후 공포'와 맞서 싸워야 하고, 40~50대에는 이 나이에 퇴직하면 다시 시작할 수 없을 것 같다는 '중년 리스크 공포'를 안고 살아갑니다. 그리고 60대 이후에는 언젠가 찾아올 '질병, 고독사에 대한 공포'를 안고 살아가죠. 이렇게 우리는 태어나서 죽을 때까지 시대와 시기가 주는 공포를 이겨내며 살아야 합니다.

하지만 좋은 대학을 가지 않아도 행복하게 잘 사는 사람들이 있고, 좋은 스펙이 없어도 자신만의 능력과 노력을 통해 잘 사는 사람도 있습니다. 경제적 노후 준비 없이도 자신의 능력을 통해 경제력을 만들기도 하고, 40~50대에 새로운 시작을 하기도, 60대가 넘어서도 마라톤 풀코스를 달리는 분들이 계시기도 합니다.

이 세대는 계속 공포라는 프레임을 만들어 우리를 불안하게 하지만, 누군가는 그 프레임에 들어가지 않고 자신만의 독자적인 그림 속에서 독립적으로 살고 있습니다.

공포 감수성

공포에 민감한 사람들이 있습니다. 뉴스에서 만들어내는 이 사회의 '공포'가 곧 나에게 닥칠 것이라고 과도하게 걱정하곤 하죠. 물론 이 공포로 인해 세대에 어울리는 준비를 하기도 하지만, 심해지면 과도한 불안 때문에 행복하게 살지 못하기도 합니다.

대학생들의 취업난이라는 프레임은 대학생에겐 현실이지만 고등학생에겐 두려움입니다. 그래서 안정적 직장이 보장되는 대학에 가기를 원합니다. 그래서 서울 어느 동네에서는 초등학교도 들어가기 전에 의대 입시반이 있다고 합니다. 의대에 들어가면 우리가 겪을 20대에서 50대까지의 고통에서 자유로울 것 같으니까요. 스무 살까지만 공부를 열심히 하면 몇십 년의 자유로운 인생을 살 수 있을 것 같으니까요.

이렇게 내가 느끼는 공포는 우리에게 욕망과 노력을 만듭니다. 하지만 뒤늦게 알게 되죠. 꼭 그 직업이 아니더라도 미래의 고통에서 해방되어 살 수 있고, 그 직업을 가졌다고 꼭 행복한 것이 아니라는 것을요.

내가 민감하게 공포를 느낀다고 해서 그 공포를 해결할 수는 없습니다. 거시적인 사회의 흐름일 뿐이지 내 인생에 일어날 것이란 보장은 없으니까요. 오늘 정의 내린 미래의 고통은 실체가 아니고 그야말로 '예측'입니다. 우리의 미래는 얼마든지 바뀔 수도 있는 것이죠. 그리고 내가 그 주인공이 되리란 보장도 없죠.

공포라는 프레임에 자신을 과도하게 가둬두면 운신의 폭이 좁아집니다. 불필요한 노력을 만들기도 하고, 행복할 수 있는 시간을 앗아가기도 합니다.

확실한 걱정만 해야 한다

쇼펜하우어는 이야기합니다. 미래에 다가올 재앙 중 아주 확실한 일만 걱정하라고 말이죠. 발생할지도, 발생하지 않을지도 모르는 그런 걱정 말고 정말 확실한 걱정만 걱정하라고요.

여러분의 가장 확실한 걱정은 무엇인가요?

10년 후 직장을 잃고 경제활동을 하지 못할 것이 확실한 걱정인가요?

초등학생인 자녀가 훗날 취직을 못 할 것이 확실한 걱정인가요?

20년 후에 건강이 안 좋아져 오래 살지 못할 것이 가장 확실한 걱정인가요?

아닐 겁니다. 그런 것들은 가장 확실한 걱정이 될 수 없습니다. 어쩌면 아예 오지 않을지도 모르는 일들이니까요. 정말 걱정해야 하는 '확실한 걱정'에는 몇 가지 조건이 있습니다.

1. 오늘, 혹은 당장 며칠 안에 생길 가능성이 높은 일.
2. 나와 내가 사랑하는 사람이 조만간 고통스러워질 일.
3. 현재의 상황을 보았을 때, 거의 확실하게 벌어질 일.

이런 기준에 해당하지 않는다면, 그 걱정은 무시해도 되는 걱정일지도 모릅니다. 일어나지도 않을, 불필요한 상상력이 만든 걱정 속에서 발생할 일이 걱정될지도 모르겠지만, 내일은 내일의 나와 주변 사람들이 내일이라는 시간 속에서 또 다른 하루를 만들어 나갑니다. 오늘 나의 예상대로 내일이 흘러간 적이 몇 번이나 있나요? 내일이 되면 내일의 우발상황과 여러 가지 조건이 전혀 생각지 못했던 새로운 미래를 만들어냅니다. 굳이 그 장면을 떠올리며 걱정해도 그대로 이루어지지 않습니다. '적당히' 준비만 되어 있다면 그 '적당히'와 나의 능력이 주는 '유연함'으로 내일에 적응해서 살아내면 그만입니다. 굳이 지금 걱정할 필요가 없는 것이죠.

나와 내가 사랑하는 사람이 고통스러워질 것이 뻔히 보이는 일은 당연히 걱정하고 적당한 조처를 해야 합니다. 하지만 나도, 내가 사랑하는 사람도 아닌 타인이 고통스러워질 일은 굳이 내가 걱정할 필요는 없습니다. 그것은 그와 그를 사랑하는 사람들의 몫입니다. 그 사람 또한 나에게 그 걱정을 바라지 않습니다. 나의 걱정이 누군가에게는 쓸데없는 참견과 오지랖이 될지도 모르죠. 그러니 굳이 내 걱정의 범위를 불필요하게 타인에게 넓힐 필요는 없습니다.

거의 확실하게 벌어질 일들이 가끔 있기도 합니다. 운전해야 하는데 갑자기 자동차 계기판에 경고등이 떴을 때, 출근을 해야 하는데 몸 상태가 너무 좋지 않을 때 등등. 결국 '불 보듯 뻔한 일'이라는 것은 구체적인 이유가 있는 것이고 이는 나의 몸 상태나 객관적인 데이터가 우리에게 경고합니다. 이럴 때는 이에 대한 걱정을 해결하기 위해 최우선으로 행동해야 합니다. 당장 정비소를 가거나 병원에 가야 하는 것이죠. 무시하면 훗날 더 큰 고통에 빠질 게 뻔히 보이니까요.

이런 일들이 아니면 굳이 걱정할 일은 없습니다. 우리들은 생각보다 능력이 좋으니까요. 몇십 년 동안 살면서 경험과 지혜가 많이 쌓였고, 유연함과 적응력도 꽤 좋거든요. 도와줄 사람들도 많고요. 이 힘을 믿고 미래라는 다양성과 싸워나가면 그만입니다. 그야말로 '다양'성이기에, 걱정한다고 해서 내가

100% 예상하기는 어려우니까요. 그 상황에 맞게 잘 대처해 내면 그만이니까요. 결국 걱정할 필요 없는 일이었으니까요.

굳은살이 필요하다

불필요한 걱정에 대해 둔감하게 느끼고 묵묵히 노력의 순도를 높이는 사람들이 행복하게 살 수 있습니다. 걱정이 많아지다 보면 하늘이 무너질 걱정을 하다가 먹고 자는 것도 못 하게 되는 것이니까요.

아무리 취업이 힘든 세상이라고 하더라도 그것이 내 이야기가 될 것이란 보장은 없습니다. 무언가 노력하고 열심히 살고 있는 한 내가 할 일을 찾을 수 있습니다. 다른 사람들이 노년에 건강하지 못할 것이 걱정이라고 해도 그것이 내 걱정은 아닙니다. 내가 오늘 좋은 것을 먹고 꾸준히 운동한다면 누구보다 건강하게 살 수 있으니까요. 이 세상이 만들어내는 공포는 절대 내 이야기가 아닙니다.

공포에 단단해져야 합니다. 이 세상의 공포는 같은 크기와 압력으로 사람들을 찔러댑니다. 하지만 받아들이는 사람이 어떤 마음을 가졌는지에 따라서 누구에게는 피가 나고, 누구에겐 상처도 생기지 않습니다.

달리기를 시작하던, 테니스나 골프를 시작하던 대부분의 운동에서 처음에 필수적으로 거쳐야 하는 단계가 있습니다. 바로 굳은살이 생기는 단계입니다. 달리기할 때는 발의 특정 부분에 굳은살이 생깁니다. 채를 잡고 하는 운동은 손의 어느 부분에 굳은살이 생깁니다. 심하면 피가 나기도 하지만 계속 반복하다 보면 굳은살이 생겨서 그 부분이 딱딱해지곤 합니다.

맨살을 바늘로 살짝 찌르면 아픕니다. 그리고 피가 맺히기도 하죠. 하지만 굳은살은 바늘로 살짝 찌르면 피가 나지 않습니다. 굳은살의 정도에 따라 아무런 느낌이 느껴지지 않기도 합니다.

계속 이 사회는 바늘로 우리를 찔러댈 겁니다. 하지만 그때마다 바늘의 공포에 아파할 수만은 없습니다. 나만의 굳은살을 만들어 둬야 하는 것입니다. 고통 때문에 걱정만 하지 말고 나만의 노력을 통해 단단한 피부를 만드는 게 중요한 것이죠. 그것이 바로 고통을 가볍게 만드는 첫걸음입니다.

어떤 걱정을 하고 계시나요? 그 걱정 때문에 밤잠을 설치시나요? 어차피 그 걱정은 여러분 오늘의 삶에 큰 영향을 주지 않습니다. 정말 필요한 걱정은 걱정에 그치지 않고 오늘 무언가의 행동으로 이어졌을 테니까요. 그리고 단단한 피부와 튼튼한 발을 가지고 있다면 오늘 찾아온 확실한 걱정을 잘 이겨 내셨을 테니까요.

이제는 걱정하지 말고 단단해져야 할 때입니다. 바늘 같은 걱정은 계속해서 우리를 찔러댈 것입니다. 그러나 오늘 마음을 단련하고, 삶의 발바닥에 굳은살을 만들어낸다면 세상이 만들어낸 고통은 더 이상 아픔이 되지 않을 것입니다.

이렇게 시대가 만들어내는 공포 말고도, 모든 사람이 태어나면서부터 가지고 있는 피할 수 없는 고통이 있습니다. 이런 고통이 어쩌면 더 확실한 걱정이 될 수 있겠지요. 이어서 필연적인 고통에 관해서 이야기해 보겠습니다.

행복을 찾는 방법 7

'단단한 마음이 고통을 이겨낸다.'

걱정이라는 바늘은 계속 우리를 찔러댄다.
해결책은 단 하나.
내 마음에 단단한 굳은살을 만드는 것이다.

2
적당히 그리고 새롭게

고통은 피할 수 없는 것이고, 하나의 고통이 다른 고통에 의해 쫓겨나 지금까지의 고통이 없어지고 사라지면 새로운 고통이 나타난다.[15]

고통이라는 감정 속에서 하루하루를 '견디며' 살아야 하는 순간이 있습니다. 직장에서 일이나 승진이 내 마음대로 풀리지 않을 때, 가장 행복해야 할 가정에서 행복하지 않을 때, 열심히 노력했지만 원하는 바를 이루지 못했을 때 등등. 이 고통을 이겨내고자 여러 가지 노력을 해보지만 생각보다 쉽지 않습니다. 그래서 이런저런 질문을 던져보지만 그 답을 찾기는 쉽지 않죠. 결국 가장 근본적인 질문과 마주하게 됩니다.

'왜 이렇게 인생이 힘들지?'

이 원인에 대해 생각해 보게 됩니다. 원인을 알아낸다면 고통이 생기지 않게 무언가 할 수 있을 테니까요. 이 원인은 한순간의 실수였을지도 모르고, 잘못된 삶의 방향이었을지도 모릅니다. 어려서부터 자연스레 체득해 온 습관 때문일지도 모르죠. 이렇게 원인은 다양합니다. 선택으로 정해지는 인생의 방향들이 뭉쳐 가끔의 기쁨과 깊은 고통을 만들어내는 것이죠. 그리고 기쁨은 잠깐 우리 곁에 머물다 날아가고, 고통은 오래 남아서 우리를 힘들게 하고요. 짧은 행복을 느끼지 못하고, 고통만 무겁게 느끼다 보니 '인생은 왜 이리 힘든 걸까?'라고 느껴지는 것입니다.

그런데, 여러분만 고통스러운 건 아닙니다. 불교에서 이야기하는 '사고팔고'(四苦八苦 : 인생을 살면서 누구나 겪게 되는 고통)를 살펴보면 고통은 당연한 것입니다. 저만 힘든 것도 아니고, 여러분만 힘든 것도 아니죠. 이 세상에 태어난 한, 고통은 모든 이를 힘들게 합니다.

사고四苦 : 인간이 갖는 4가지 기본적인 고통

1. 생고生苦 : 태어나는 것 자체가 고통

2. 노고老苦 : 늙어가는 고통

3. 병고病苦 : 병에 걸려 아픈 고통

4. 사고死苦 : 죽는 고통

여기에 덧붙여서

1. 애별리고愛別離苦 : 사랑하는 사람과 헤어져야 하는 고통

2. 원증회고怨憎會苦 : 원수 같은 사람과 만나야 하는 고통

3. 구부득고求不得苦 : 원하는 것을 얻지 못하는 고통

4. 오은성고五陰盛苦 : 물질, 감각, 생각, 의지, 인식에 집착할 때 마음의 평화를 잃으며 겪는 고통

이 4가지의 고통이 더해져서 팔고八苦(인생을 경험하며 겪는 고통)가 되는 것입니다.

이 8가지 고통 중에서 몇 가지의 고통을 느껴보셨나요? 저는 8가지 중 3~4가지는 느껴본 것 같습니다. 그리고 나머지 고통도 언젠가 찾아오겠죠. 이 고통을 지고 살아가는 것도 이렇게 힘든데, 앞으로 다가올 예견된 고통이 두렵기도 합니다. 이

런 고통에 대해 쇼펜하우어는 이야기합니다. 고통은 피할 수 없고, 지금의 고통이 사라지면 새로운 고통이 우리를 찾아올 것이라고 말이죠.

이렇게 절망적으로만 살 수는 없습니다. 고통이 끊이지 않고, 고통을 또 다른 고통으로 바꾸며 살아내기에는 한 번뿐인 인생이 너무 가련합니다. 그래서 고통을 끊어내야 합니다. 아니, 끊어낼 수 없다면 적어도 가볍게 하기 위해서라도 노력해야 합니다. 가련한 인생을 만들지 않기 위해서 말이죠.

무게중심을 내부에 둬야 한다

너무 가련한 인생을 살지 않으려면 삶의 무게중심을 자신의 내부에 두어야 합니다. 무게중심이라는 표현이 어려울 수도 있습니다만, 어려서 책을 빙글빙글 돌리던 것을 생각하면 쉽습니다. 책이 떨어지지 않게 손끝 위에 올리기 위해서는 책의 대각선과 대각선이 만나는 중앙에 손가락을 두어야 합니다. 이를 내 인생에 적용해 보세요. 손이 무게중심을 벗어나면 책이 심하게 흔들리는 것처럼, 삶도 무게중심을 잃으면 쉽게 흔들리니까요.

책을 내가 살아가는 세상이라고 생각하고 이 세상이 무너지지 않기 위해 내가 손을 올려둬야 할 지점이 바로 내 인생의 무게중심입니다. 그리고 이 무게중심을 외부가 아닌 자신의 내부에 두는 것이죠. 나의 내면을 중심으로 세상을 돌려야 합니다.

> 인간이 끊임없이 노력하는 이유는 무엇 때문일까? 숱한 곤란과 위험을 무릅쓰면서까지 얻으려고 하는 것은 과연 무엇일까? 그것은 바로 타인으로부터의 좋은 평가다. 인간은 자신에 대한 타인의 견해를 호의적인 것으로 만들기 위해 에너지 대부분을 소모한다. 사회적 지위, 칭호, 훈장을 받으려는 노력은 물론이거니와 재산을 늘리고, 심지어는 학문과 예술에 쏟아붓는 노력까지 그 모든 게 궁극적으로는 사회적인 존경을 얻기 위한 것이다. 인간은 얼마나 어리석은 존재인가?[16]

'내가 세상의 중심이야'라고 생각하고 살지도 모르지만, 생각보다 그러지 못하는 경우가 많습니다. 나보다 자녀가 세상의 중심인 부모들, 내면보다는 외모가 더 중요한 사람들, 내가 중심이 되지 못해 타인의 반응만 살피며 사는 사람들, 한 시의 고독도 견디지 못하는 사람들 등등. 이런 사람들은 지금 고통에 아파하고 있거나 조만간 큰 고통이 찾아올지도 모릅니다.

내가 중심이 되어 이 세상을 나의 중심 위에 올려두어야 합니다. 내가 원하는 성공을 자녀에게 강요하지 말고, 나이가 들어도 자신의 성공을 위해 하루하루 살아 나가야 합니다. 결국 변하고 늙어가는 외모보다는 점점 아름다워질 내면을 채우며 살아가야 합니다. 타인의 반응만 신경 쓰다가 내가 하고 싶은 것을 놓치지 말고 내가 원하는 것을 하며 살아가야 합니다. 그리고 가끔 고독이 찾아와도 이 고독을 내면을 찾는 시간으로 만들어야 합니다.

과도하지 않은 열정

다시 말해 우리의 실제 현실 생활은 열정에 의해 움직이지 않으면 지루하고 무미건조해진다. 하지만 열정에 의해 움직이면 곧장 고통스러워진다. 그러니 의지에 봉사하는 데 필요한 정도 이상의 지성을 부여받은 자만이 행복하다.[17]

너무 내면에 집중한 나머지, 너무 열정적으로 살기도 합니다. 하지만, 아이러니하게도 너무 열정적으로 살면 안 됩니다. TMI Too Much Information(상대방이 굳이 알 필요 없는 불필요한 정보를 이야기하는 사람)도 별로지만, TMP Too Much Passion는 위험합니다. 열정은 권태를 해소해 주기도 하지만 과도한 열정의 끝에는 고통이 기다리곤 하니까요. 매사에 열정적으로 도전하는 사람들이 있죠. 존경받아 마땅하고 훌륭한 사람들입니다. 적어도 가만히 있는 것보다는 적극적으로 고통을 해소하려는 사람들이니까요. 하지만 '과도한' 도전과 열정은 고민할 시간과 반비례합니다. 그리고 이는 성공의 확률을 줄입니다. 많이 실패하게 됩니다. 결국 '구부득고求不得苦'를 느끼기 쉬운 것이죠. 열정적으로 많이 원했지만 얻지 못하는 감정을 그만큼 많이 느끼게 될 테니까요. 이는 생고生苦와 오온성고五蘊盛苦로 이어지기 쉽습니다. 고민하지 않는 과도한 열정은 이렇게 3가지의 고통과 연계되어 고통의 뫼비우스 띠로 인생을 몰아넣을지도 모릅니다.

   열정적으로 노력했던 시절이 있었습니다. 회사에서 일도 열심히 하고, 자격증 공부도 하고, 글도 쓰고, 운동도 하며, 책도 열심히 읽었죠. 앞으로 다가올 고통스러운 미래가 예견되어서 그 고통에서 벗어나고자 정말 닥치는 대로 열심히 살아봤습니다. 그래서 고통이 해소되었을까요? 아니요. 고통은 해결되지 않았습니다. 모두 갖고 싶어서 열심히 살았지만 뭐 하나 제대로 갖지 못해 힘들었습니다. 욕망이 많은 만큼 결핍이 많아지기 마련이니까요.

지적으로 살아야 한다

지적인 생활은 통찰과 인식이 계속 더해 감에 따라, 마치 완성 과정의 예술품과 마찬가지로 연관성을 획득해 끊임없이 향상되고, 점점 온전하고 완전한 형태로 완성되어 간다. 그것과 비교하면 다른 사람들이 추구하는 실제 생활, 일신상의 안녕만을 지향하고 깊이가 아니라 길이만 늘일 뿐인 생활은 한심한 대조를 이룬다.[18]

그래서 우리는 지적으로 살아야 합니다. 여러분은 어떤 지적인 생활을 하고 계시나요? 이 책을 읽으면서 지적인 생활을 하고 있다고 생각하실지도 모르고, 유튜브의 강연 영상을 보면서 지적인 활동을 하고 있다고 생각할지도 모릅니다. 맞기도 하지만 조금 부족하기도 합니다. 그보다 높은 차원의 지적인 활동이 필요합니다. 바로 창조입니다. 책과 강의를 들으면서 얻은 인사이트를 통해서 내 인생에 도움이 되는 '창조'야말로 지적인 활동의 정점에 있는 활동입니다. 누구나 이해를 할 수는 있어도 누구나 창조를 하지는 못하니까요.

진정 지적으로 살기 위해서는 창조해야 합니다. 창조하는 사람이야말로 무게중심이 내면에 있는 사람이고, 진정 지적으로 살고 있는 사람인 것입니다. 이 세상에는 여러 가지 창조물이 있습니다. 글, 그림, 음악, 음식, 제품, 서비스 등등. 이렇게 자신만의 지식과 경험을 결합하여 이 세상에 없던 무언가를 만드는 삶을 살아야 합니다. 예술적 능력이나 요리 솜씨가 없다면 글을 써보는 것도 좋은 방법일 수 있습니다. 누구나 할 수 있는 창조이지만 아무나 하지 않는 창조이기도 하니까요. 그리고 창조도 습관인지라 이렇게 글을 쓰며 창조하는 삶을 살다 보면 다른 무언가를 만드는 힘이 생기기도 합니다.

물론 창조의 과정은 고통스러울지도 모릅니다. 하지만 창조의 결과는 고통으로만 남지만은 않습니다. 그 장시간의 고통은 희열, 만족, 보람과 같이 긍정적인 감정으로 대체됩니다. 나의 창조물이 좋으면 좋을수록 긍정적인 감정은 비례하여 행복으로 새겨집니다. 그리고 창조의 고통은 유익한 고통으로 기억됩니다. 자연스럽게 고통을 이겨내는 힘도 커지게 되는 것이죠. 삶의 무게중심을 자신의 내면으로 옮겨오며 나를 믿는 힘도 커지게 됩니다. 이렇게 창조는 가장 좋은 지적인 활동이며 고통을 이겨내는 역치를 키우는 활동입니다.

무게중심을 내면으로 옮기고, 너무 열정적으로 살지 않고, 창조를 한다고 해서 인생에서 고통이 0으로 수렴하지는 않을 겁니다. 하지만 적어도 고통 때문에 신음하지 않고, 무거운 고통으로 인한 가련한 인생이 되지는 않을 것입니다.

기본적으로 8가지 고통을 안고 살아야 하는 우리의 인생. 고통을 없앨 수 없다면, 불필요한 고통을 덜어내는 것만으로도 충분할 테니까요.

무게중심을 내 안에 두고 적당한 열정을 가지고, 지적으로 살면서 우리는 어디론가로 달려갑니다. 한 발의 화살이 되어 목표를 향해 날아가는 것과 같죠. 그런 우리에게 어떤 과녁을 향해 날아갈 것인지가 꽤 중요합니다. 너무 먼 과녁은 우리를 고통스럽게 하고, 가까운 과녁은 우리를 권태롭게 하니까요. 이어서 어떤 과녁을 위해서 살아야 할 것인지에 관해 이야기해 보겠습니다.

행복을 찾는 방법 8

'나를 중심으로 세상이 돌 때, 행복하다.'

1. 내면에 무게중심 두기
2. 적당한 열정을 갖기
3. 창조하는 삶을 살기

3
애매한 목표는 고통스럽게 한다

젊어서 너무 큰 야망을 설계하는 것은 불행을 요소요소에 매복시키는 일과 다름없다. 야망이 크고 설계가 거창할수록 실패할 확률이 높기 때문이다. 자신이 설계하는 큰 목표를 다 이루는 사람은 극히 드물다. 대부분 실패하고 실현 불가능한 경우가 더 많다.

미노스 왕의 아내가 신의 저주로 황소와 사랑에 빠져 미노타우로스라는 반인반수의 괴물을 낳게 됩니다. 그에게는 이 괴물을 가둘 곳이 필요했죠. 뛰어난 발명가이자 장인이었던 다이달로스는 '미궁'Labyrinth을 설계하고 미노타우로스를 가두는 데 성공합니다. 다이달로스도 큰 신임을 받죠. 하지만 비밀을 누설했다는 이유로 왕은 분노하고 다이달로스와 그의 아들 '이카로스'는 감옥에 갇히게 됩니다.

탈출이 불가능한 상황에서 아버지는 밀랍과 새의 깃털을 이용해서 날개를 만들고 탈출할 계획을 세웁니다. 그리고 아들에게 이야기하죠. "이카로스야, 너무 높이 날면 안 된다. 태양에 가까워지면 날개의 밀랍이 녹아버릴 테니까. 그리고 너무 낮게 날아도 안 된다. 바다의 습기 때문에 날개가 무거워져 추락할 수도 있으니까. 그러니 중간을 유지하며 날도록 해라."

이런 아버지의 당부가 있었지만, 이카로스는 하늘을 나는 짜릿한 경험에 빠져 점점 더 높이 날아오르기 시작합니다. 젊음과 자유, 가능성에 도취되어 아버지의 경고를 잊어버린 채, 태양 가까이 날아가 버리죠. 결국, 태양열에 녹아내린 밀랍과 날개는 산산조각 나고, 이카로스는 바다로 추락하여 죽음을 맞습니다.

이렇게 야망은 참 짜릿하지만, 클수록 위험해집니다. 그 결과 고통스러울 확률도 높아지고요. 모든 사람이 지적으로 살고자 노력하지만, 생각보다 지적으로 사는 것은 어렵습니다. 지적으로 생각한 후에 행동하기보다는, 행동하고 나서 지적으로 후회를 하죠. 더 높은 행복을 얻을 수 있으리라는 감정의 움직임, 지금의 행복이 영원할 것이라는 착각이 지적인 고민을 잊게 합니다. 명확하지 않은 목표를 향해 날아가는 화살이 저 하늘 위를 날다가 땅바닥에 떨어지는 것처럼 우리의 인생도 종종 바닥에 떨어지곤 하는 것이죠.

야망을 갖고 살라고 이야기합니다. 하지만 야망을 품고만 사는 삶은 고통스럽습니다. 공부를 열심히 했지만 시험에 합격하지 못하고, 열렬히 사랑했지만 사람을 얻지 못하고, 열심히 일했지만 승진하지 못할 때는 고통스러우니까요. 그리고 이 감정은 자기 불신이라는 부정적인 감정으로 남기도 하니까요. 더 이상 노력하기 싫어지고, 노력해 봤자 소용없다는 비관적인 인생을 살게 하기도 합니다. 물론 시험 합격, 결혼, 승진 같은 것들은 그나마 명확한 목표입니다. 그리고 목표 달성에 실패한 원인은 명확하죠. 나보다 더 나은, 더 노력한 누군가가 있었기 때문에 실패하는 것이니까요.

시험에 합격하지 못하면, 다시 시험을 보면 되고, 사랑에 실패했으면 나에게 더 어울리는 사람을 찾아서 다시 사랑하면 되고, 승진에 누락됐으면 경쟁자보다 더 열심히 일하면 됩니다. 이런 눈에 보이는 목표를 위해서는 그래도 노력할 만합니다. 하지만 애매한 목표는 인생을 권태롭게 만들곤 합니다.

명확하지 않기에 이루지 못한다

'부자가 되고 싶다', '아름다워지고 싶다', '지혜롭고 싶다' 같은 욕망은 많은 사람들이 가지고 있는 욕망이자 목표입니다. 하지만 안타깝게도 많은 사람들은 부자가 되지 못하고, 아름다워지지 못하며, 지혜로운 사람이 되지 못합니다.

이유는 간단합니다. 원하는 것이 명확하지 않기에 갖지 못하고 이루지 못하는 것입니다. 그래서 구부득고求不得苦를 느끼는 것입니다. 결국 욕망을 현실로 만들지 못하는 삶을 사니까요. 실패자가 된 것 같고, 인생 자체의 의미가 없어지기도 합니다. 그래도 열심히 사는 다른 사람들을 보면서 가끔 힘을 내서 노력해 보지만, 목표를 이루지 못하기에 노력하고 실망하는 삶의 반복만이 우리를 기다리곤 합니다.

가성비, 시성비가 중요시되는 세상에서, 노력했지만 목표를 달성하지 못하는 삶의 반복은 자괴감으로 이어집니다. 물론 한두 번의 실패를 통해 배우고 다시 시도하는 훌륭한 사람들도 있지만 그렇지 못한 사람들도 있죠. 그들은 목표를 수정하거나 지우곤 합니다. 이렇게 점점 희미한 삶을 살아갑니다. 내 의지를 좇지 않는 현실의 그럭저럭한 삶이 더 편하니까요.

애매한 목표가 우리를 괴롭힌다

여러분은 부자가 될 수 없을 것입니다. 하지만 열심히 노력하면 몇억 정도의 재산을 가질 수는 있을 것입니다. 여러분은 절대적으로 아름다워질 수 없을 것입니다. 하지만 노력한다면 00kg의 몸무게에 온화한 얼굴을 가질 수 있을 것입니다. 여러분은 깊은 지혜를 가질 수 없을 것입니다. 하지만 노력한다면 도움이 필요한 사람들을 대상으로 글을 쓰고 강연할 수는 있을 것입니다. 이렇게 애매한 목표는 달성할 수 없지만, 구체적인 목표로 바꾸고 노력하면 우리는 이를 달성할 수 있습니다. 그리고 목표를 달성하지 못해 느끼는 고통에서 자유로워질 수 있습니다.

> 우리는 어디서나 노력이 저지되고, 어디서나 싸우고 있는 것을 본다. 따라서 그런 한에서 노력은 언제나 고뇌로 나타난다. 즉, 노력의 최종 목표가 없으므로 고뇌의 정도와 한계도 없다.[19]

애매한 목표가 우리의 삶을 힘들게 만듭니다. 그래서 목표는 'SMART'하게 세우라고 합니다. Specific(구체적), Measurable(측정 가능한), Achievable(달성 가능한), Relevant(관련 있는) 그리고 Time-bound(기한이 있는) 한 목표를 세워야 한다고 말이죠.

거창한 인생의 목표가 아니라, 오늘 하루 권태롭지 않고 뿌듯함을 느끼기 위해서는 하루의 삶 속에서의 현실적인 목표가 필요합니다. 여러분에게 SMART한 목표는 무엇인가요? 이런 목표를 달성하기 위해 실현 가능한 것을 하나하나 노력해 보세요. 그렇다면 매일 밤 잠들기 전 하루에 대한 느낌은 고통보다는 수고가, 권태로움보다는 뿌듯함이 생길 것입니다. 이 느낌은 꽤 보람차고 중독적이어서 내일도 모레도 그렇게 살 수 있는 힘을 줄 것입니다.

작은 SMART는 큰 SMART를 만든다

이런 하루하루가 모여서 결국 조금 더 큰 SMART 한 목표로 이어지게 됩니다. 하루아침에 큰 목표를 이루는 것이 아니라 매일의 작은 SMART가 모여서 큰 SMART를 만드는 것이죠. 내일 당장 수억 원을 벌 수는 없습니다. 하지만 하루에 1%씩 수익이 생긴다면 1년 후에는 370%의 복리효과를 얻게 됩니다.

오늘 글을 쓴다고 내일 당장 책이 완성되지는 않습니다. 하지만 하루에 2,000자 정도 글을 쓴다면 한 달 후에는 그럴싸한 책의 초고를 쓸 수는 있을 것입니다. 그렇게 우리는 SMART 한 부자가 되고, SMART 한 작가가 될 수 있는 것입니다. 이렇게 하루하루 SMART하게 살아가다 보면 인생 자체가 SMART해지고 막연하지 않은 구체적인 목표를 향해서 살아가게 되는 것입니다. 저 위로 가기 위한 계단을 하나하나 만들어가게 되는 것이죠.

혹시 지금 목표를 달성하지 못해 고통스럽거나 권태롭다면 목표를 점검해 보세요. 그 목표는 잘못된 목표일 확률이 높습니다. SMART하게 목표를 세워보세요. 그리고 그 목표를 잘게 나누고, 현실적으로 달성 가능하도록 매달 해야 하는 것, 그리고 오늘 해야 하는 것으로 나누세요. 가끔은 쉬는 날도 계획하세요. 계획을 세울 때, 우리는 목표를 이룬 모습만을 상상하곤 하니까요. 이 상상은 우리를 흥분시키는 도파민을 만들어내고 이 호르몬은 무리한 계획을 세우게 하니까요. 무리한 계획을 지키지 못하는 것이 또 다른 고통으로 우리를 몰고 갈지도 모르니까요.

그리고 매주, 그리고 매월 내가 세운 목표를 되돌아보세요.

만족할 수도 있고 실망할 수도 있습니다. 하지만 적어도 막연한 목표를 달성하지 못해 마냥 권태로운 삶보다는 훨씬 나은 피드백을 얻게 될 것입니다. 적어도 권태로움에 지쳐 '아무리 해도 안 되는 사람'이라고 자신을 정의하지는 않을 것입니다. 그리고 이 노력들이 많이 고통스럽지 않고, 매일의 노력이 쌓이고 나면, 막연한 목표를 가진 사람들보다 덜 고통스러운 삶을 살 수 있을 것입니다. 이 고통스럽지 않은 삶을 통해 자신감을 가질 수도 있겠죠. 그리고 계속 도전할 수 있겠죠.

노력의 목표가 명확했기에 고통도 명확할 것이며, 그 명확한 고통 또한 예상 가능하기에 고통을 더 잘 이겨낼 수 있을 것입니다. 그리고 더 큰 실망과 후회 없이 또 다음의 SMART한 목표를 향해 나아갈 수 있습니다. 그렇게 덜 고통스럽게 성장하면서 하루하루 살아갈 수 있습니다.

너무 뜨거운 태양도, 너무 습한 바다도 아닌 좋은 하늘에서 즐겁게 날아갈 수 있을 겁니다. 너무 뜨거운 태양까지 오르지 않아도 행복할 테니까요. 내가 원한 곳은 적당히 따듯하고, 적당히 괜찮은 바다가 보이는 이 정도의 하늘이었으니까요.

이 정도의 높이도 충분히 행복하니까요.

내가 견딜 수 있는 고통에 따라 SMART한 목표가 정해집니다. 목표와 수반해서 고통도 예측 가능한 것이죠. 사람마다 가지고 있는 고통의 그릇이 있고, 이 그릇의 크기에 따라 목표의 크기가 달라지는 것입니다. 이 고통을 견디는 그릇에 대해서는 이어서 이야기해 보도록 하겠습니다.

행복을 찾는 방법 9

'SMART해야 행복하다.'

야망은 우리를 저 높이 오르게 하지만,
애매한 목표는 결국 우리를 바닥으로 떨어뜨린다.
목표와 그에 따르는 고통을 지적으로 그려보자.
명확한 고통은 견뎌낼 만하지만,
애매한 고통은 그 끝이 없으니까.

고통의 그릇을 키워야 한다

삶의 고통에서 벗어났다는 사실이 노년에는 위로가 된다. 그렇기 때문에 정신적이나 육체적으로 커다란 고통 없이 인생을 보내는 것이 가장 행복한 운명을 가진 것이지, 가장 큰 기쁨이나 엄청난 즐거움을 누린 것이 아닌 것이다. 최고의 기쁨을 누린 것으로 인생의 행복을 측정하려는 사람은 잘못된 기준을 선택한 것이다. 쾌락은 부정적이고 소극적이기 때문이다.[20]

누구는 1km를 달리는 것도 고통스러운데, 나이가 같은 누군가는 42.195km를 달리기도 합니다. 누구는 편지지 한 장에 글을 쓰는 것도 고통스러운데, 누군가는 앉은 자리에서 몇천 자의 글을 술술 쓰기도 합니다.

물론 그 누군가에게도 첫 달리기, 첫 글쓰기는 쉽지는 않았을 것입니다. 하지만 꾸준히 하다 보면 누군가에겐 힘든 일이 누군가에겐 쉬운 일이 되기도 합니다. 더 오래 반복된다면 이 행동들은 삶의 한 부분이 되기도 하죠.

나이가 들수록 고통스럽지 않은 삶을 사는 것이 위로된다고 쇼펜하우어는 말합니다. 맞습니다. 늙을수록 힘과 에너지가 적어지기에 고통을 이겨낼 힘이 적어지니까요. 하지만 고통은 절대적이지 않습니다. 상대적이죠. 오늘 하루를 어떻게 사는지에 따라 어떤 이의 노년의 고통이 누군가에게는 별것 아닌 일상이 되기도 합니다. 고통의 그릇이 큰 사람이 되면 남들이 겪는 고통은 더 이상 고통이 아니니까요. 꼭 노년에만 그런 것도 아닙니다. 고통의 그릇이 큰 사람들은 젊어서도 덜 고통을 느끼며 자신의 삶을 살아가곤 합니다.

하지만, 이 고통의 그릇은 그냥 커지지는 않습니다. 나에게 어울리는 고통을 찾고, 그 고통을 숙명이라 받아들이고, 지속하는 과정에서 고통의 그릇을 키울 수 있는 것입니다. 하루아침에 커지는 그릇은 어디에도 없으니까요.

나에게 필요한 고통을 찾아야 한다

'젊어 고생은 사서도 한다'라는 말은 반은 맞고 반은 틀립니다. 젊음은 상대적으로 회복탄력성을 더 가지기에 고통에 대해 이겨낼 힘이 있습니다. 그래서 그 고통은 분명 고통의 그릇을 키우는 자산이 되죠. 하지만 '아무' 고생은 고통의 그릇을 키우는 데 큰 도움이 되지 않습니다. 너무 고통스러워서 인생에 대해 회의감을 가질 수도 있으니까요. 고생만 심하고 성취는 없어서 앞으로 더 이상 고생을 감내하기 싫어지기도 하니까요.

물론, 살다 보니 여러 고통이 도움이 되긴 합니다. 고등학교 시절 통학거리가 길기에 시간을 효율적으로 쓰고자, 차 안에서 고생하면서 공부했던 경험이 지금도 휴식시간에 책 한 줄이라도 더 보는 삶을 살게 했고, 초등학교 시절 운동을 하며 고생했던 경험이 기초가 되어 나이가 들어서도 체력적으로 큰 힘이 되기도 합니다. 하지만, 지적으로 고민하지 않고 욕망을 좇아 무작정 시작했던 프랑스어 공부와 막연히 큰 꿈을 위한 잊힌 노력들은 지금의 인생에 큰 도움이 되지 않았습니다. 고통의 그릇이 커지지 않는 시간 낭비일 뿐이었죠.

시간 낭비를 하지 않는 고생할 만한 고생을 찾아야 합니다.

미래의 나에게 도움이 될 만한 고생, 내 능력과 기질과 어울리는 고생, 나를 점진적으로 발전시키는 고생을 사서 해야 하는 것이죠. 그게 바로 진짜 그릇을 키우는 길입니다.

고통을 숙명이라고 받아들여야 한다

필요한 고생을 찾았다면, 지금 내가 마땅히 하고 있는 고생은 숙명이라고 받아들여야 합니다. 내가 고생하고 있다면 그 분야에 대해 강해지려고 하는 '의지'를 가지고 있었다는 것입니다. 내 의지가 만든 고생이자 운명인 것이죠. 그 의지에 책임을 지기 위해 가장 좋은 방법은 그냥 받아들이는 것입니다.

니체는 극심한 두통과 시력 저하, 평생 병치레를 하면서 살았지만, 이를 숙명으로 받아들였습니다. '나를 죽이지 못하는 고통은 나를 강하게 한다'고 생각하며, 그 고통마저도 사랑했습니다. '몇 번이라도 좋다. 이 끔찍한 삶이여, 다시 한번!'이라고 외치면서 말이죠.

니체도 이렇게 산 이유가 있을 겁니다. 숙명이라고 생각하지 않는 한 고통은 너무 고통스럽기 때문이죠. 너무나도 고통스럽기에 내 운명, 즉 '나의 일부'라고 생각해야 덜 힘들었을 것입니다.

네가 지금 살고 있고, 살아왔던 이 삶을 너는 다시 한번 살아야만 하고, 또 무수히 반복해서 살아야만 할 것이다. 거기에 새로운 것이란 없으며, 모든 고통, 모든 쾌락, 모든 사상과 탄식, 네 삶에서 이루 말할 수 없이 크고 작은 모든 것들이 네게 다시 찾아올 것이다.[21]

그게 바로 'Amor Fati'(운명을 사랑하라)의 진정한 뜻이기도 합니다. 운명에는 행복뿐 아니라 고통도 포함되니까요. 나의 행복과 고통, 이 모든 것이 반복되는 삶을 산다고 해도 마땅히 받아들일 만큼의 운명적 사랑이 필요한 것입니다. 이 사랑이 없으면 견디기 어려울지도 모르니까요.

고통의 그릇을 키워야 한다

고통의 그릇을 키워야 나이가 들수록 덜 고통스럽습니다. 한 번 키워둔 고통은 놋그릇처럼 넓어져서 어지간한 고통이 그릇 안에 들어와도 고통이라고 여겨지지 않으니까요.

고통의 그릇을 키우는 건 그릇을 만드는 과정과 비슷합니다. 열에 달구어진 마음을 망치로 치다 보면 그릇의 크기가 커지는 것이죠. 우선 내 의지를 통해서 내 그릇을 달궈야 합니다. 의지를 갖는 순간 열기가 느껴지는 것이 바로 그런 느낌입니다. 뭐든지 할 수 있을 것 같고, 나의 시간과 능력은 달궈진 그릇처럼 뜨거워집니다. 어떻게든 변할 준비를 하는 것이죠.

그리고 이제는 때려야 합니다. 내가 원하는 모습으로 만들기 위해 적당한 힘으로 여러 번 때려야 합니다. 무턱대고 큰 힘으로 때리다가는 부서질 수 있으니까요. 더 늘어나기를 원하는 부분을 적당한 힘으로 꾸준히 때리는 것이 중요합니다. 때리다가 식으면 다시 달굴 필요도 있습니다. 이 달굼과 때리는 과정을 반복해 가면서 그릇을 키워야 합니다.

유년기에 운동을 한 친구들, 소위 운동부 친구들은 꽤 고생했습니다. 합숙생활을 하면서 친구들과 잘 놀지도 못하고 운동을 했죠. 그때의 친구들은 '국가대표'라는 의지를 달성하기 위해 열심히 자신의 운동능력에 망치질을 해댔습니다. 그래서 나날이 그릇은 커졌죠. 물론 여러 가지 이유로 그 의지를 달성하지는 못했을지도 모릅니다. 하지만, 달구고 때리는 과정을 반복하면서 커진 그릇의 크기는 정신적으로나 신체적으로 오래도록 남아있습니다. 멘탈이 강하고, 오래 운동을 쉬었지만 몸이 기억하고 있죠. 동년배들이 느끼는 고통이 누군가에게 고통이 아닌 이유는 이런 꾸준한 달굼에 있는 것입니다. 남들과는 다른 나만의 고통의 그릇을 키웠으니까요.

　오늘 무슨 고생을 하셨나요?

　그 고생은 나의 어떤 그릇을 키웠나요?

　그 고생의 그릇이 커진 미래는 어떤 모습인가요?

　내가 택한 고통을 운명이라 생각하며, 덜 고생스럽게 그릇을 키우는 삶을 사셨으면 좋겠습니다. 그 그릇이 몇 년 후에 다가올 고통을 고통스럽지 않게 할 것입니다. 그 그릇을 통해 새로운 기회를 담을 수 있고, 더 큰 식탁에 올라갈 수 있는 기회가 생길 수도 있습니다. 고차원적으로 행복하게 사는 미래를 만들 수 있습니다.

　이렇게 나에게 필요한 고통을 찾고 노력해야 하지만, 이 과정이 생각보다는 쉽지 않습니다. 내가 견딜 수 있는 필요한 고통을 찾는 건 생각보다 쉽지 않으니까요. 고통은 피할 수 있다면 피하는 게 가장 좋으니까요. 이어서 어떤 고통을 선택하고 마땅히 감수해야 하는지에 대해 이야기해 보겠습니다.

행복을 찾는 방법 10

'마음의 그릇을 키워야 행복해질 수 있다.'

바람직한 고통이란,
미래의 나에게 꼭 필요한 것을
적당한 강도로 견뎌내며,
미 과정을 나의 운명이라 받아들이는 것이다.

5
기꺼이 감수해야 할 좋은 고통

행복은 자신의 재능에 비례하여 성공할 수 있는 행동에 에너지를 소비하는 것이다.[22]

생각보다 계획적인 사람은 아니라, 여유 시간이 생기면 하는 고민이 있습니다. 운동을 할까? 글을 쓸까? 그냥 넷플릭스나 보면서 쉴까? 운동은 몸이 고통스럽고, 책을 쓰는 건 머리가 고통스럽습니다. 하지만 요새는 책을 쓰는 고통을 선택합니다. 약속한 시간까지 글을 쓰지 않으면 더 고통스럽기도 하고, 책을 쓰면서 누군가에게 도움이 될 생각을 하면 또 감수할 만하거든요. 힘들어도 희망을 가질 수 있는 고통이기에 마땅히 선택합니다. 지금도 제가 선택한 이 고통을 감수하며 글을 쓰고 있습니다.

고통은 피하는 것이 제일 좋지만, 모든 사람이 고통을 피할 만큼 여유롭지는 못합니다. 성장 주기에 맞게 감당해야 할 고통은 감당해야 합니다. 학생 때에는 공부라는 고통을, 직장 생활에는 일이라는 고통을 마땅히 선택하고 감당하면서 살아가야 하죠. 감당해야 하는 이유는 간단합니다. 지금 선택할 수 있는 여러 고통 중 이 고통을 감당하는 게 더 나은 미래를 만들 수 있을 테니까요.

'지금 이 고통이 미래의 나에게 어떤 선물을 줄 수 있을까?'

지금의 내가 이 질문에 대해 내릴 수 있는 가장 최선의 답이 바로 내가 선택해야 할 고통인 것이죠.

좋은 고통을 선택해야 한다

좋은 고통을 선택해야 합니다. 나에게 좋지 않은 고통을 선택하는 건 고통을 고통으로만 남기는 일이 되기 쉽습니다. 더 오래 고통스러운 삶이 되기 쉽습니다. 그렇다면 나에게 좋은 고통이란 무엇일까요?

내가 잘하는 것을 더 고차원적으로 잘하기 위한 고통은 좋은 고통입니다. 내가 잘하는 것을 찾았다는 것은 큰 행운이죠. 생각보다 많은 사람들이 본인이 잘하는 것을 모르고 인생을 살아가기도 하니까요. 찾았다는 것만으로도 큰 행운입니다. 그렇다면 이 행운을 행복으로 만들기 위해서는 잘하는 것의 수준을 키워야 합니다. 단지 많이 한다고 잘해지지 않습니다. 약간의 고통이 섞여야 더 높은 수준으로 올라갈 수 있습니다.

고통도 투자입니다. 미래의 나를 성장시키고 나의 능력을 고차원적으로 끌어올릴 수 있는 고통이 좋은 고통인 것입니다. 좋은 고통에는 세 가지 특징이 있습니다. 바로 방향성이 뚜렷하고, 무언가 남으며, 지속 가능합니다.

좋은 고통은 방향성을 가지고 있습니다. 미래에 되고 싶은 모습으로 나를 만들어가는 과정입니다. SMART하게 선택한 고통을 통해서 똑똑한 나로 나아가는 과정인 것이죠.

좋은 고통의 끝에는 무언가 남아야 합니다. 그 힘든 고통을 견뎠는데 아무것도 남지 않는다면 다음번에는 고통을 감수하기 어려우니까요. 나의 노력을 더 높은 가치로 바꾸는 승화의 과정, 무언가 창조한 결과, 의지의 실현. 이러한 결실이 있어야 합니다.

좋은 고통은 지속 가능합니다. 오늘도 견디고 내일도 견딜 수 있습니다. 그리고 이 꾸준한 망치질의 과정을 통해서 더 단단한 내가 되어가는 과정입니다. 오늘 하루 큰 고통을 가한다고 인생이 변하지는 않으니까요.

고통을 선택했으면 기꺼이 감수해야 한다

내가 고통이라고 선택했으면 그 고통은 더 이상 나에게 고통이 아니어야 합니다. 의미 있는 인생을 만들기 위한 노력이며, '그냥'하는 루틴이어야 합니다. 하기로 마음을 먹었으면 더 이상 고통이라고 생각하지 않아야 합니다.

반면, 좋은 고통을 선택하지 못하면 기꺼이 감당하지 못하게 됩니다. 인간관계에서 오는 스트레스, 타인의 기대에 억지로 맞추려는 노력이나 감당할 수 없는 무리한 목표가 주는 고통 그리고 헛수고는 오래 감당하기 어렵습니다. 결국 포기하게 만드는 것이죠.

미래의 나에게 주는 선물을 위한 고통이라면 감수해야 합니다. 그 고통을 감수한 사람은 힘들어도 한 번 더 하는 사람이 됩니다. 잠시 쉴 수는 있어도 포기하지 않습니다. 그렇게 자신만의 행복을 만들어 가는 것입니다.

니체는 신체적 고통과 정신적 고통을 모두 가지고 있었습니다. 눈은 잘 보이지 않았고, 젊은 시절부터 두통과 위장장애에 시달렸죠. 게다가 좋아했던 여인에게 실연당하고, 절친이었던 바그너와도 갈등 끝에 결별하고 말죠. 이런 고통스러운 삶 속에서도 그는 고통을 감수했습니다. 무너지지 않고 계속 글을 썼습니다.

그는 죽었지만, 그의 글이 지금까지도 살아있는 이유는 그가 선택한 고통을 기꺼이 감수했기 때문입니다. 의지가 큰 만큼 고통이 컸지만, 끝내 감수했더니 오래도록 살아남는 글이 된 것입니다.

좋은 고통을 기꺼이 감수하면 초인이 된다

니체는 이야기합니다. 초인이란 필요한 일을 견디어 나갈 뿐 아니라 그 고난을 사랑하는 사람이라고. '필요한 일'이란 나의 미래를 위해 선택한 나의 고통이겠죠. 그리고 '견디어' 나가는 것은 기꺼이 감수하는 것이고요.

어렸을 때 드래곤볼이란 만화를 많이 봐서인지, '초인'이라고 하면 '초사이언(극한의 분노와 의지를 통해 잠재된 힘이 폭발하여 인간의 한계를 넘어선 상태)'이 생각나서, 니체가 말하는 '초인'을 거창한 사람이라고 생각했었습니다. 하지만 초인은 초사이언처럼 무시

무시하고 대단한 능력을 갖춘 사람이 아닙니다. 내가 선택한 고통을 기꺼이 감수하면 우리는 초인이 되는 것입니다. 초인은 스스로의 노력을 통해 한계를 뛰어넘은 사람을 말합니다. 고통을 감수하는 노력을 통해 어제보다 더 나은 오늘을 살고 있다면 우리 모두 초인인 것이죠.

어제보다 고통을 하나 더 견뎌낸 사람, 어제와는 조금 더 나은 삶을 만들어 가는 사람. 그런 사람들은 충분히 초인이라고 불릴 자격이 있습니다. '어제 이만큼이나 노력했는데 오늘은 하루 쉬어야지…'라고 생각하며 포기하지 않고, '그래도 오늘도 해나가야지'라고 생각하고 기꺼이 해나가면 초인이 되는 것입니다. '내가 왕년에 이 정도였는데, 이런 걸 어떻게 해…'라는 생각보다 단순히 어제보다 더 보람차게 긍정적으로 하루를 보내려는 사람이 초인입니다.

"고난 앞에서 네거티브로 가면 인간은 짐승보다 더 나빠져. 포지티브로 가면 초인이 되는 거야. 인간이 저렇게 위대해질 수도 있구나." 이어령 선생님의 이 말처럼 긍정적으로 내가 선택한 고통을 감수하면 행복을 넘어 위대해질 수도 있는 것이죠.

오늘 여러분의 하루는 어떤 고통을 선택하고 기꺼이 감수하셨나요? 어제보다 나은 하루였나요? 초인이 되셨나요? 고생 많으셨습니다. 여러분이 선택한 오늘의 고통이 행복한 미래를 위한 작은 선물이 되는 하루가 되셨길 바랍니다.

누군가는 큰 고통을 짊어지고 큰 성공을 하고, 누군가는 작은 고통도 지지 못해 나빠지기도 합니다. 하지만 누군가에게 특히 무겁거나 가벼운 고통은 없습니다. 고통의 크기는 내가 결정하니까요. 그렇다면 고통의 무게를 어떻게 느끼는지에 따라서 초인이 되기도, 나빠지기도 하는 것이겠죠. 이어서 마음속 고통의 크기를 느끼는 저울에 관해 이야기해 보겠습니다.

> **행복을 찾는 방법 11**
>
> '좋은 고통은 마땅히 감수해야 행복하다.'
>
> 초인은 멀리 있지 않다.
> 오늘, 좋은 고통을 스스로 선택하고 기꺼이 감수하며 하루를 살아냈다면,
> 당신은 이미 초인의 이름으로 살고 있는 것이다.

6
고장 난 저울에
고통을 올려두지 마라

> 고통의 총량은 개인의 본성에 의해 정해져 있다. 고통의 종류가 수만 가지여도 결코 총량은 변하지 않는다. 따라서 고통과 행복은 외부의 환경에 의해 좌우되는 것이 아니라 개인의 성향과 본성에 의해 결정된다. 성향은 나이가 들거나 건강 상태에 따라 약간의 변화는 있을지 몰라도 크게 변하지 않는다.[23]

다이어트를 해본 적 있다면 아실 겁니다. 떨리는 마음으로 체중계에 올라가지만, 생각보다 빠지지 않은 몸무게에 실망합니다. 저울이 가리키는 숫자가 실망을 만들고, 오늘 저녁 맛있는 것을 먹지 못하게 되죠. 그러고는 다소 고통스러운 운동을 하러 다시 운동을 해야 합니다.

    그런데, 만약 그 체중계가 고장 난 것이라면 어떨까요? 사실은 목표하는 체중을 달성했는데 체중계가 고장 나서 목표를 달성하지 못한 것처럼 보인 것이라면 어떨까요? 노력에 대한 보상과 기쁨을 지금 누릴 수 있었는데, 고장 난 체중계 때문에 다시 힘든 다이어트를 며칠 더 해야 한다면 유쾌하지는 않을 것입니다. 불필요한 고통을 연장하는 것이니까요. 물론, 요즘은 대부분 디지털 체중계여서 고장이 나는 경우가 적지만 예전엔 바늘로 숫자를 가리키는 아날로그 체중계가 있었습니다. 이 체중계의 바늘이 가리키는 숫자에 따라 만족과 불만, 노력과 휴식 사이를 오가며 사는 것이죠.

    체중만 그런 것이 아닙니다. 우리의 고통 또한 우리의 마음속에 있는 저울에 올려두고 그 무게에 따라 반응하는 것입니다. 고통을 저울에 올려두고, 너무 무거우면 고통을 줄이기 위해 행동을 하고, 가볍다면 기쁨을 누리며 더 행복한 하루를 살 수 있는 것이죠. 즉 고통의 저울이 고장 나지 않아야 불필요한 고통으로 괴롭지 않은 것입니다. 또한 반드시 헤쳐 나가야 할 고통을 무시하지 않고 미래를 준비하며 살 수도 있는 것이죠. 하지만 우리의 고통 저울은 종종 고장 나곤 합니다. 특히 실제 무게보다 더 무겁게 느끼는 과체중의 고장이 생기곤 합니다.

여러 가지 이유가 있겠지만, 아날로그식 저울이 주로 고장 나는 이유는 다음과 같습니다.

1. 내부 스프링(센서)의 고장
2. 기어, 톱니바퀴의 마모
3. 과도한 충격
4. 습기 및 녹
5. 0점 조절 불량

이와 마찬가지로 우리의 고통의 저울도 고장 나는 이유가 있습니다.

1. 감정의 피로 누적
2. 감정 해석 능력의 고장
3. 트라우마
4. 감정의 방치
5. 비현실적 기준

스프링도 끊어진다

스프링은 탄성을 가지고 있지만, 반복적으로 과도하게 스프링을 늘리다 보면 헐거워지고 늘어납니다. 마찬가지로 반복적으로 감정에 자극을 주면, 그 자극에 대해 헐거워지기 마련입니다. 계속되는 스트레스는 감정을 무디게 하고, 스트레스가 만연한 삶을 만드는 것이죠.

아무리 좋은 스프링도 큰 압력을 가하면 터지고, 너무 당기면 끊어지기 마련입니다. 지금은 괜찮은 것 같다가도 반복되면 아무리 강한 사람도 터져버리고 마는 것이죠. 특히 인간관계에 대한 고통에 취약한 사람이 있습니다. 그 사람은 인간관계의 스프링이 정상적으로 작동하지 않을지도 모릅니다. 특히 건강에 대한 고통에 취약한 사람도 있습니다. 그 사람은 건강에 대한 스프링이 고장 났을지도 모르고요.

이렇게 사소한 일에도 예민하거나, 일상이 무기력하거나 공허한 삶을 살고 있다면 고통의 저울 스프링 중 하나가 고장 난 것일지도 모릅니다. 잠시 쉬면서 스프링의 늘어난 부분을 찾아서 고쳐주거나 스프링을 교체할 필요도 있습니다.

감정의 톱니바퀴

별일도 아닌데 극단적으로 우울해지거나 심각한 일인데도 아무렇지 않게 사는 사람들이 있습니다. "오늘 엄마가 죽었다. 아니, 어쩌면 어제. 모르겠다."라고 이야기하며 책이 시작되는

'이방인'의 주인공 뫼르소도 그런 사람일지 모르고요.

외부의 자극이 적절한 무게의 감정으로 전달되어야 하는데, 이 자극 전달 통로에 문제가 생긴 것이죠. 고통이 아닌데도 고통이라고 생각해서 불필요한 고통의 총량을 늘려 셀프 고통의 삶으로 살게 됩니다. 반대로 필요한 책임의 총량이 있지만 이를 책임지지 않는 무책임한 삶을 살기도 하죠.

톱니바퀴가 고장 난 체중계에 오르면 끼익 끼익 소리가 나며 제대로 된 결과를 얻을 수 없습니다. 마찬가지로 고장 난 톱니바퀴의 감정을 지니면 그 소음으로 인해 주변은 괴로워지고 내 안의 톱니바퀴 마모가 계속될 것입니다. 뒤틀린 부분이나 엇나간 부분이 있을 겁니다. 그 부분을 찾아서 고쳐줘야 합니다. 빨리 찾아서 고칠수록 좋습니다. 한 번 뒤틀리기 시작하면 더 큰 고장을 가져올지도 모르니까요.

감정의 충격

뭐든 큰 충격을 받으면 고장 나기 마련입니다. 저울도 그러하고 우리의 감정도 그러하죠. 외부에서 큰 충격을 받으면 저울은 부서져서 제 역할을 다하지 못합니다. 뭐든 올려두지 못하니까요. 감정도 큰 충격을 받으면 감정의 무게를 잴 수조차 없습니다. 큰 충격은 트라우마로 남습니다. 트라우마를 가지고 있는 사람은 객관적인 무게를 재기 어렵습니다. 올려둘 발판 자체가 고장 났으니까요.

새로운 저울을 가지고 와야 합니다. 새롭게 고통과 행복을 잴 수 있는 저울을 들여야 합니다. 사랑 때문에 큰 충격이 생겼다면 사랑을 대체할 수 있는 다른 발판이 필요하고, 대인관계에서 큰 충격이 생겼다면 이를 대체할 수 있는 다른 발판이 필요한 것이죠. 이미 고장 난 저울에 계속 물건을 올려두는 건 계측이 아니라 부담밖에 되지 않으니까요.

방치하면 녹슨다

사람이든 기계든 방치하면 고장 나기 마련입니다. 계속 가동이라도 시키면 관심이 있어서 어디가 고장 났는지라도 제때 알 수 있을 텐데, 방치된 무언가는 그 이유를 알기도 어렵습니다. 그래서 그냥 '연식'이 다했다고 말하곤 하죠.

창고에서 오랜만에 꺼낸 과거에 사용하던 노트북, 예전에 쓰던 핸드폰이 그러합니다. 켜지기라도 하면 다행이지만 켜져도 제 역할을 다하지 못하고 버벅댑니다. 사람도 마찬가지입니다. 왕년에 영어 공부 좀 했다고 자신감을 가지고 있다가 오랜만에 외국인과 대화를 해보면 그동안 방치했던 능력은 녹슬어 있습니다. 마찬가지로 감정도 방치하면 녹이습니다. 고통이라는 감정을 방치해두고 오랫동안 지내다 보면 행복이 어색해지고, 충분히 행복해야 할 순간에도 불안해지는 것이죠.

수많은 감정이 복합적으로 작용해서 기분을 만들어냅니다. 하지만 너무 편향된 감정만을 느끼다 보면 다른 감정들이 녹슬기 쉽습니다. 특히 행복에 대해서요. 자주 행복을 느껴야 하는 이유입니다. 우리의 행복 저울이 녹슬지 않기 위해서 말이죠. 아직 행복할 게 많은 이 인생에서 행복의 연식이 다 되었다고 느끼지 못하는 건 너무 안타까우니까요.

0점 조절이 중요하다

아날로그 체중계에는 바늘 위에 0점을 조절하는 나사가 있었습니다. 사용 간 생기는 미세한 충격으로 인해 '0'에서 바늘이 시작하지 않는 것을 조정하기 위해서죠.

하지만 매번 0점을 조정하지는 않습니다. 일단 올라가 보고 난 후에 체중이 이상하다고 느끼면 그제야 0점을 살펴보죠. 그렇게 조정을 하고 나야 제대로 된 무게를 잴 수 있습니다. 우리 고통의 저울도 마찬가지입니다. 내 고통의 무게를 느껴보고,

혹시 너무 무겁다면 '0점'이 제대로 맞춰져 있는지 살펴보아야 합니다. 이 세상은 내가 감당하지 못할 고난을 우리에게 주지는 않으니까요.

어떤 사람들은 '0점'이 틀어져 있습니다. 1등을 하고, 최고급 물건을 사야지만 행복하다고 믿는 사람들이 있습니다. 또한 '0점'이 이미 고통 쪽의 마이너스를 향하고 있는 사람들도 있죠. 아무리 노력해도 행복해질 수 없다고 생각하는 사람들처럼요. 그런 사람들의 저울에는 아무리 좋은 행복을 올려두어도 행복의 무게를 잴 수가 없습니다. 이미 계측 전부터 눈금이 마이너스를 향하고 있으니까요. 아무리 올려도 플러스가 되기는 어려운 것이죠. 이렇게 자기 자신이 만든 '0점'으로 인해 행복하지 못한 불행한 인생을 살기도 합니다.

우리는 결국 운명 안에서 살아갑니다. 그래서 우리 고통의 총량이 정해져 있다는 쇼펜하우어의 말이 이해는 갑니다. 하지만 이 총량을 느끼는 저울을 어떻게 유지하는지에 따라서 고통의 무게는 가볍기도 무겁기도 합니다. 그리고 이 무게에 따라서 우리의 행복은 좌우되는 것이죠.

내게 주어진 고통이 너무 무겁게 느껴진다면, 고통의 저울 살펴보시기를 바랍니다. 인생이 너무 힘들다면, 진짜 힘든 것이 아니라 우리의 저울이 고장 난 것일지도 모르니까요.

간혹 고통의 저울 위에 불필요한 고통까지도 함께 올려두는 사람들이 있습니다. 무시할 수 있는 고통들은 무시해야 하는데 그렇지 못한 것이죠. 이어서 불필요한 고통을 무시할 수 있는 방법에 대해 이야기해 보겠습니다.

행복을 찾는 방법 12

'고통 감수성이 행복을 좌우한다.'

인생이 너무 고통스럽다면,
고통의 저울이 고장 난 것이 아닌지 의심해 보아야 한다.
인생은 우리에게 감당할 만큼의 고통을 주기에 고통은 생각보다 크지 않다.
다만 내 마음속 저울의 어딘가가 고장 나서 더 고통스럽다고 느끼는 것일지도 모른다.

깃털 같은 불행은 무시해라

발생 자체가 불확실하거나 발생 시점이 불분명한 일 때문에 마음의 평화를 잃지 말아야 한다. 온갖 풍상을 겪으면서도 초연함을 잃지 않는 사람은 현재의 불행이 전체 재앙 중 아주 작은 일부분이라고 생각한다. 이 사실을 깊이 헤아리는 사람은 언제나 초연할 수 있다.[24]

연인과의 갈등, 대중의 비난, 무대에서 작은 실수의 불행들을 무시하지 못하고 감정적으로 반응했던 가수가 있었습니다. 그때그때의 불행에 휘둘리다 보니 의존할 것은 술과 약물밖에 없었죠. 이로 인해 무너지고 말았습니다. 21세기 최고의 R&B

소울 보컬이라는 찬사를 받았지만, 27세라는 너무 이른 나이에 생을 마감한 영국의 가수 에이미 와인하우스Amy Jade Winehouse의 이야기입니다.

결과론적이지만, 그녀의 인생을 망가뜨린 건 거대한 재앙이 아니라, 그때그때의 작은 불행을 너무 크게 받아들인 태도였을지도 모릅니다. 불행을 무시하지 못하고 마음속에 담아두다 보니, 술과 약물로 퍼다 버려야만 했고, 그렇게 그녀의 몸과 정신은 서서히 말라 가게 된 것이죠. 연예인들뿐 아니라 우리에게도 불행한 일은 언제든 찾아옵니다. 그리고 불행을 퍼다 버리기 위해 비슷한 노력을 하죠.

불행하게도 퇴근시간이 다 되어서 예상치 못했던 업무가 떨어집니다. 라면으로 저녁을 대충 때우고 일을 마치고 집에 갔지만 허기가 져서 야식을 먹었습니다. 그러니 소화가 안 되어서 늦게 잠자리에 들었죠. 야근과 야식이 겹치다 보니 컨디션이 좋지 않아 불행하게도 알람을 듣지 못하고 늦잠을 잤습니다. 그래서 허둥지둥 출근하는데 불행하게도 무선이어폰은 충전이 안 되어 있습니다. 가까스로 직장에 도착해서 일을 하려고 하지만 어제 상사에게 올려둔 보고서가 불행하게도 좋은 피드백을 받지 못합니다. 그리고 그날따라 불행하게도 직장 동료들과의 갈등이 생겨 마음까지도 심란해지죠. 이 불행한 마음을 떨쳐내고자 퇴근 후에 친한 친구를 불러 신세를 한탄하며 소주를 한잔합니다. 이렇게 오늘의 불행한 일들을 술이라는 약물을 통해서 덜어내곤 합니다.

오늘 나에게 일어났던 일들이 '불행'이라고 느끼고, 이 '불행'을 조금이라도 퍼내기 위한 행동을 하는 것이죠. 하지만 불행은 그날로 끝나지 않습니다. 다음날 또 다른 불행이 찾아옵니다. 또 불쾌함을 잊으려고 다시 무언가를 찾게 되고요.

인생에서 고통의 총량이 정해져 있는 것처럼 불행의 총량도 정해져 있습니다. 아무리 피하려 해도 불행한 일은 닥치기 마련입니다. 하지만, 이 같은 양의 불행에 대해서 누군가는 그냥 해프닝이라고 생각하고, 누군가는 인생에 마가 꼈다고 불평합니다. 누군가는 이 정도의 불행이 다행이라고 하지만 누군가는 그 불행 때문에 생을 마감하기도 합니다.

쇼펜하우어는 불행으로 인해 마음의 평화를 잃지 말아야 한다고 말합니다. 의도치 않게 생긴 일들에 대해서 초연한 자세로 대해야 한다고 말하죠. 좋은 말이지만 현실적으로 적용하기는 쉽지 않습니다. 불행이 유쾌하지는 않으니까요. 그래서 '액땜'이라는 말이 있는지도 모르겠습니다. 더 큰 재앙이 오는 것을 막기 위해 미리 작은 불행을 미리 맞이한 것으로 생각하는 것이죠. 물론 불행 뒤에 더 큰 재앙이 올지도 모릅니다. 하지만 액땜이라고 생각하는 것은 이 순간 불행을 고통으로 새기지 않으려는 의식적인 노력이기도 합니다. 불행을 무시하는 가장 빠른 좋은 방법인 것이죠. 이렇게 어떤 식으로든 불행을 불행이라고 느끼지 않고 무시할 수 있는 힘이 필요합니다. 불행이 쌓이면 불만이 되고 이 불만이 분노로 터져서 큰 고통이 될 수도 있으니까요.

불행한 일의 사소화

불행한 일을 사소한 일로 취급하고 무시하는 힘이 필요합니다. 그래야 불행에 머무는 시간을 줄여 더 행복한 삶을 살 수 있습니다. 내가 불행하다고 생각하면 그 생각이 감정을 불쾌하게 만드는 것이니까요. 무시해 버리면 감정이 불쾌할 확률이 적어지는 것입니다. 출근길이 막혀도, 갑자기 업무가 쏟아져도, 자녀들이 우리를 놀라게 하더라도 불행이라고 생각하지 말아야 합니다. 이깟 일로 내 인생이 변할 건 없다고 생각하고 무시해야 합니다. 오늘 출근길이 조금 힘들고, 오늘 야근을 조금 한다고 해도 내 인생이 송두리째 바뀌지는 않으니까요. 이 정도의 불행은 이 세상 사람들 모두 안고 살아가는 디폴트 값이라고 생각하는 것이 좋습니다.

오늘의 불행은 0.0034%에 불과하다

80세까지 산다고 가정했을 때, 29,200일을 살게 됩니다. 그리고 오늘 하루 내가 느끼는 불행은 전체 인생 0.0034%(1/29,200) 중의 일부밖에 되지 않습니다. 3일 동안 불행했다면 0.01% 정도 불행한 것이죠. 그런데 이 눈에도 보이지 않는 불행을 덜어내기 위해서 인생의 전부를 갉아먹을지 모르는 행동을 할 필요가 있을까요? 0.01%를 덜어내기 위해 인생의 10% 이상 악영향을 주는 행동을 할 필요가 있을까요? 없습니다. 그러니 오늘 내가 느끼는 불행은 무시하고 담아두지 않아도 괜찮습니다.

"스물아홉 생일, 1년 후 죽기로 결심했다"의 주인공 아마리는 연인에게 버림받고, 과체중과 불안정한 직업에 절망하며 살아갑니다. 책의 제목처럼 1년을 마지막이라고 생각하고 한계에 도전하며 변화하기 시작합니다.

호스티스 아르바이트, 블랙잭 연습, 누드모델 등 다양한 일에 도전하면서 치열하게 살아갑니다. 그렇게 사는 그녀에게 이전처럼 불행을 느낄 시간조차 없습니다. 목표가 눈앞에 있고 그 목표를 향해 달려 나가는 자신만 있을 뿐이죠. 그리고 그 결과, 그녀는 1년 전과는 전혀 다른 사람이 됩니다. 그렇게 새로운 삶이 시작되고 자기 자신을 재발견하기도 합니다.

어쩌면 우리가 불행을 계속 담아두고 있는 이유는 너무 오래 살 것이라 기대하고 있어서 그런지도 모르겠습니다. 내일까지만 살 수 있다고 하면 지금 나의 1분 1초를 불행으로 채울 사람은 없을 것입니다. 행복하게 죽기 위해서 불행 따윈 무시하고 최선을 다해서 살아내겠죠.

멀리서 보면 결국 아무것도 아니다

미래는 늘 인간의 생각과 다르게 나타나고 과거 역시 생각에 따라 달라지긴 마찬가지다. 그리고 과거와 미래 모두 전체적으로 보면 인간이 보기와 달리 그리 별것 아님을 알 수 있다. 멀리 있는 물체를 맨눈으로 볼 땐 작아 보이지만 마음속에서는 커진다. 현재만이 참되고 실재적이다.[25]

행복은 가까이서 보아야 하고, 불행은 멀리서 보아야 합니다. 행복은 현실이고 불행은 허상이기 때문이죠. 행복은 오래

가지려고 노력해도 스쳐 지나가지만, 불행은 무시하려고 노력해도 마음속에 남기 마련이니까요.

오늘 겪은 사소한 불행은 1주일만 지나도 기억나지 않을 것입니다. 최근에 겪고 있는 사소한 고민도 1년 후엔 잊힐 것이고요. 결국 정말 필요한 고통만 기억에 남고, 그 고통과 싸우는 일정 기간이 기억에 남아 내 인생의 한 부분이 되는 것입니다. 그 고통만이 내가 저울 위에 올려두어야 할 고통인 것이죠.

고통의 저울에 올려두어야 할 고통은 미래에 영향을 직접 주는 것들이어야 합니다. 그것만으로도 충분히 가볍지 않은 고통을 지고 가는 게 인생이니까요. 쓸데없이 불쾌한 일을 저울 위에 올려 둘 필요는 없는 것이죠.

이 세상 모든 일에는 작용과 반작용이 있습니다. 고통도 마찬가지입니다. 고통을 받으면 이를 해소하기 위해 본능적으로 어떤 행동을 합니다. 자신만의 방법이 있겠지만, 강력하고 더 확실한 방법은 순간적으로 도파민이 흐르는 행동들입니다. 술, 담배, 쇼핑, 마약과 같은 것들이죠.

에이미 와인하우스가 그러했고, 무언가에 중독된 많은 사람들이 그러합니다. 불필요한 고통을 저울에 올려두다 보니 너무 무거워서 도파민이란 사탕 숟가락으로 고통을 퍼낸 것이죠. 하지만, 이 사탕 숟가락은 너무 달콤해서 계속 넣어두고 싶어집니다. 그래서 우리는 고통이 아닌 것을 고통이라고 여기고, 인생은 힘들다고 착각하면서 계속 무언가에 의존하게 되는 것입니다.

충분히 무시할 수 있는 고통인데도 확대해석해서 억지로 고통을 해소하려고 노력하고 있지는 않나요? 그렇다면 정말 내게 필요한 고통만을 고통이라고 정의하고, 고통의 무게를 가볍게 만드셨으면 좋겠습니다. 생각보다 오늘의 불행은 0.003g도 안되는 깃털처럼 가벼우니까요. 불행이 아니라 그냥 해프닝에 불과하니까요.

누구에게는 너무 무겁지만, 또 누군가에게는 너무나도 무거운 고통. 이 고통을 가볍게 만드는 방법에 관해서 이야기해 보았습니다. 이제 고통을 가볍게 하는 방법을 알았으니, 행복을 깊게 받아들여야겠죠. 다음 장에서는 깊은 행복을 느끼는 방법에 관해서 이야기해 보겠습니다.

행복을 찾는 방법 13

'사소한 불행은 무시해야 행복하다.'

혹시 너무 불행하다고 생각된다면,
그 불행이 정말 불행인지 생각해 보아야 한다.
생각보다 많은 사람들은
인생에 아무 영향을 주지 않는
해프닝을 불행이라 착각하고,
이를 해결하기 위해 자신을 괴롭히기 때문이다.

3장

행복은 깊게 느껴야 한다

고통만 줄여도 그럭저럭 살만합니다. 말 그대로 '고통스럽지 않은' 인생이지요. 하지만 우리는 '그럭저럭' 살려고만 태어난 것은 아닙니다. 행복할 권리도 있으니까요. 그런데 이 얄궂은 행복은 마음속으로 깊고 오래 들어오지 못하고 잠시 들렀다가 나가곤 합니다. 그래서 항상 아쉽고, 갈구하게 되고, 더 원하게 되죠.

이렇게 마음속에 깊이 담지 못하기에 행복을 제대로 느끼지 못합니다. 깊게 담지 못하고 금세 다른 행복을 담으려고 고개를 돌리다 보니 덜 행복하지 못합니다. 생각보다 깊게 그리고 오래 담을 수 있는 행복이 많음에도 불구하고요.

왜 사람들은 인생이 고통이라고 말할까요? 그럭저럭 사는 인생이 '0', 고통스러운 인생은 마이너스, 행복한 인생은 플러스라고 생각해 볼까요. 플러스가 되는 인생을 원하지만, 고통을 오래 담아두고 행복은 깊게 담지 못하기에 마이너스의 감정으로 인생을 살게 됩니다. 그래서 인생이 고통이라고 이야기하는 것일지도 모릅니다. 불행한 만큼 행복으로 채워주거나, 더 좋은 행복을 채워 플러스로 만들어야 하는데, 고통만 오래 담고 있으니까요.

행복을 더 깊게, 오래 느껴야 하는 이유입니다. 마이너스 인생을 플러스로 전환해서 행복한 인생으로 만들기 위해서 말이죠. 생각보다 가벼운 고통의 무게를 줄이고, 이제 깊은 행복을 오래도록 느껴야 합니다.

'Happiness is everywhere'

행복은 어디에나 있습니다. 잠잘 때도, 출근길에도, 직장에서도, 가정에서도 행복은 어디에서나 존재합니다. 다만 우리가 그 행복을 느끼지 못하는 것이죠.

이제, 어디에나 있는 이 행복을 어떻게 더 깊고 온전히 느낄 수 있을지 이야기해 보려 합니다. 언제까지 이 소중한 인생을 고통스럽거나, 그럭저럭 흘려보낼 수는 없으니까요. 이젠 정말로 행복해야 하니까요.

행복의 말뚝

우리는 삶에 수많은 요구를 하면서 행복을 넓은 범위 위에 세우지 않도록 주의를 기울여야 한다. 너무 넓은 범위 위에 세운 행복은 무너지기 쉬운 데다 재앙이 닥칠 가능성이 훨씬 높기에 결국 나쁜 일이 일어나기 때문이다.[26]

'맹모삼천지교'의 맹모보다 더 훌륭한 엄마, 그리고 맹자보다 더 공부를 열심히 하는 대한민국의 학생들이지만, 그 시절의 맹자와 맹모보다는 덜 행복한 것 같습니다. 2021년 OECD 국가 행복지수를 비교한 자료를 보면 대한민국의 어린이와 청소년의 주관적 행복지수는 22개 국가 중 최하위를 기록했습니다. 세부 지표 중 특히 주관적 건강, 삶의 만족은 최하위를 기록하고, 외로움 지표도 뒤에서 2번째를 기록했습니다.

훌륭한 부모님 밑에서, 더 좋은 선생님의 가르침을 받으며 자라지만 점점 행복하지 않은 사회가 되어가고 있습니다. 왜 그럴까요? 자녀가 행복하기 위해 공부도 잘하고, 인성도 좋아야 하며, 예체능 활동과 교우관계도 '성공적'으로 해야 한다고 믿어서 그런 걸까요. 쇼펜하우어가 이야기하는 너무 넓은 범위에 대해 욕심을 내다보니 정작 중요한 '주관적 행복'은 최하위 수준에 머물고 있는 것 같습니다. 다 잘하는 아이로 키우고 싶은 것은 당연한 부모의 욕심일지도 모르지만, 이뤄질 수 없는 현실일지도 모르니까요.

문제는 이렇게 욕망의 범위를 넓히다 보니, 그 어떤 것도 제대로 얻지 못하게 되는 것입니다. 이거 조금, 저거 조금 해서는 제대로 된 행복을 얻을 수 없고, 종류가 많다고 다 좋은 것이 아닌데, 다 잘해야 한다는 욕심 때문에 그 어떤 행복도 얻기 어려운 것입니다. 이렇게 주관적인 행복은 점점 멀어집니다. 가짜 행복이 진짜 행복인 줄 알고 착각하며 살게 됩니다. 결국 공허해지고 고통스러워지기 쉽습니다.

물론 객관적 행복도 중요하지만, 제일 중요한 것은 본인이 느끼는 '주관적' 행복입니다. 행복의 사전적 의미는 '생활에서 충분한 만족과 기쁨을 느끼어 흐뭇함. 그러한 상태'이니까요. 하지만 부모도 아이도 이 객관적인 행복만 따르다 언젠가 지치고 맙니다. 한순간 객관적 지표가 행복과 멀어지면 무너지기도, 불행하다고 생각하기도 쉽죠. 내 행복의 기준이 오직 외부에만 있기에, 외부의 조건이 바뀌면 불행하다고 느끼니까요.

초등학생 때 주관적으로 누려야 할 행복이 있고, 중고등학교 시절에 누려야 할 주관적 행복이 있습니다. 하지만 초등학교 시절부터 이 사회에 통용되는 다양하고 객관적인 행복을 위해 살다 보니 주관적으로 행복하지 못합니다. 쇼펜하우어의 말처럼 너무 넓은 범위 속에 행복을 세워두다 보니 결국 무너지기 쉬운 것입니다.

과학적으로도 여러 가지 행복은 위험하다

여러 가지 행복을 추구하는 것이 진정한 행복을 얻기 어렵다는 것은 뇌과학적으로도 설명됩니다. 우리는 무의식적으로 단시간 내에 여러 가지 행복 얻기를 원합니다. 그래서 쇼츠나 자극적인 SNS, 간식이나 쇼핑같이 도파민을 분비하는 짧고 강렬한 활동에 빠지기 쉽죠. 그리고 이는 꽤 중독적이어서 더 강한 자극을 원하게 됩니다. 더 빠르고 더 강렬한 '얕은' 쾌락을 원하게 되는 것이죠.

이것도 행복해야 하고, 저것도 행복해야 하고 싶은 감정. 지금도 행복하고 1분 뒤에도 행복하고 싶다는 감정이 이어지다 보니 자극적인 세상 속에서 가짜 행복을 느끼며 살고 있습니다. 장기적으로 얻을 수 있는 오래가는 행복을 낯설어하고 허상에 가까운 행복만 좇으며 영혼이 말라가기 쉽습니다.

SNS의 발달로 다른 사람들이 어떤 객관적 행복을 가졌는지 쉽게 볼 수 있는 시대입니다. 그래서일까요. 다들 여러 가지로 행복한 것 같은데 내게 불행한 한두 가지가 돋보이는 시대이기도 합니다. 그래서 아이들은 아이들대로, 성인은 성인대로 모든 부분에 있어서 행복하지 않고, 불행하다고 생각합니다. 그래서 이 세상의 객관적이고 다양한 행복을 욕망합니다. 다 행복하고 싶어 합니다.

행복의 말뚝을 박아야 한다

건물을 지을 때, 어느 건물이든 기초공사를 합니다. 기초공사에도 여러 가지 종류가 있지만 건물의 높이와 하중에 따라 공사 방법이 달라집니다. 흔히 우리가 보는 고층 건물은 수십

미터의 말뚝을 지반에 박습니다. 이를 통해서 건물의 무거운 하중을 견뎌내죠. 땅속에 깊은 못을 박는 것처럼요. 반면에 단독주택처럼 낮은 건물에는 말뚝을 깊게 박지 않습니다. 얕은 기초를 3m 이내로 건물 전반적으로 고르게 매트처럼 설치합니다. 제대로 박혀 있는 것이 아니죠. 그냥 넓고 고르게 퍼져 있습니다. 못이 아닌 압정을 건물에 둘레에 박는 것처럼요.

행복을 넓은 범위에 세우려고 하는 사람들은 마음속에 얕은 기초를 만드는 것과 같습니다. 여기저기 모두 다 행복해지려고 하는 것이죠. 그래서 깊이 파지 못하고 적당히만 파다 맙니다. 건물에 어떤 바람이 불어오고 어떤 하중이 추가될지 모르지만, 그냥 넓고 고르게만 행복하려고 하는 것이죠.

하지만 우리의 인생은 우리가 저층 건물에만 살게 놔두지 않습니다. 곧 더 높은 곳을 향해 건물을 쌓아 올릴 기회를 주곤 합니다. 동시에 위기도 주곤 하죠. 하지만 압정 같은 얕은 기초 위로는 높은 건물을 올리기 어렵습니다. 기초가 견디지 못하니까요. 여러 가지 행복 중에서 큰 고통을 견디게 하는 나만의 깊은 행복의 말뚝이 있어야 하는데 그 기준이 없으니 하중을 견디지 못합니다. 그렇게 무너지거나, 더 높이 오르지 못해 아쉬운 삶을 살곤 합니다.

하지만 몇 가지의 행복 말뚝을 제대로 박아둔 사람의 인생은 흔들리지 않습니다. 두세 개의 말뚝만 깊어도 건물을 지탱하고 높이 올릴 힘이 되는 것처럼, 몇 가지 주관적 행복에 집중하는 사람들은 타인의 반응에 신경 쓰지 않습니다. 그 주관적 행복의 깊이를 나날이 더해갑니다. 그리고 그 주관적 행복을 더 깊이 만들기 위해 살아갑니다. 그 힘으로 더 큰 고난을 버틸 수 있는 것이죠. 또한 말뚝을 깊이 박아 본 경험은 필요한 경우 다른 말뚝을 깊이 박는 노하우가 되기도 합니다. 그렇게 큰 하중에 버틸 힘이 생기고, 증축이 필요한 경우에도 버틸 수 있는 자신만의 말뚝, 행복을 가지고 살아갑니다.

다 행복할 수는 없다

모든 범위를 제한해야 우리가 행복해진다. 우리의 시야, 활동 범위, 접촉 범위가 좁을수록 우리는 행복해지고, 그런 것이 넓을수록 고통이나 불안을 느끼는 빈도가 잦아진다. 그 범위가 넓어질수록 걱정이나 소망, 두려움도 커지기 때문이다. 심지어 장님조차 표정이 부드럽고 거의 명랑하다 할 정도로 편안한 것으로 보아 우리가 애당초 생각하는 것만큼 불행하지는 않다. 인생의 후반이 전반보다 슬퍼지는 것도 부분적으로는 이러한 규칙 때문이다. 살아갈수록 우리가 목표로 삼는 영역과 관계하는 범위가 점점 넓어지기 때문이다.[27]

어린아이들은 대체로 행복합니다. 그날 재미있게 놀았으면 행복하니까요. 그래서 어린아이들의 행복 말뚝은 깊고 견고합니다. 반면, 어른들은 아이들보다 상대적으로 불행합니다. 어릴 땐 재밌게 놀기만 해도 되는데, 이젠 그렇지 않거든요. 깊었던 행복의 말뚝을 뽑고, 여기저기 압정 같은 말뚝을 박아대니까요. 그래서 나이가 들수록 깊은 행복을 얻기가 어렵습니다. 그래서 휘청거리기도 합니다.

사실 몇 가지만 행복해도 적당히 행복한 인생을 살 수 있습니다. 직장 생활에서 매일 행복할 수 없더라도, 퇴근 후에 웃음이 넘치는 행복한 가정에서 산다면 충분히 행복한 인생입니다. 모든 시험에서 1등을 하지 못해도 내가 좋아하는 과목에서만 1등을 해도 충분히 행복한 부분이 될 수 있습니다. 내가 심은, 내가 집중하는 행복의 말뚝과 관련된 행복을 추구하며 살면 우리는 더 깊은 행복을 찾을 수 있습니다. 내가 행복이라고 정의 내리지 않은 타인의 행복을 얻지 못해도 불행하지 않을 테니까요. 그냥 내 행복이 아니라고 정의해버리면 그만이니까요.

많은 사람들이 돈도 많고, 공부도 잘하고, 가정도 평화롭고, 직장에서도 승승장구하고 싶어 합니다. 하지만 정말 그 행복의 기준이 정말 내가 원하는 말뚝인가요? 그것을 통해서 앞으로의 인생의 풍파를 이겨낼 자신이 있으신가요? 다 필요하지 않을지도 모릅니다. 그중에 확실한 몇 가지만 가지고 있어도 우리는 충분히 이겨낼 수 있고, 더 높은 인생을 올릴 수 있습니다. 그러니 필요도 없는 얕은 행복을 위해 사는 것은 아닌지 생각해 보아야 합니다. 공부도 집중력이 필요하지만, 행복에도 집중력이 필요하니까요. 생각보다 공부를 조금 못해도, 돈이 조금 없어도 행복하게 사는 데 큰 지장은 없으니까요.

　내가 집중하는 행복, 그 몇 가지만 행복해도 내 인생은 충분히 행복해질 수 있습니다. 남들이 만든 행복의 기준에 흔들리지 않고 진정 나만의 행복한 인생을 살아갈 수 있습니다. 내가 정말 원하는 짙은 행복을 얻을 수 있습니다. 내가 행복에 대한 정의를 내렸고, 그 정의대로 인생을 살고 있다는 증거니까요. 남들을 좇는 행복이 아닌, 나만의 행복을 얻기 위해 나아가는 사람이니까요.

　여러분만의 행복이 말뚝을 찾고, 그 말뚝의 깊이를 키워 나가셨으면 좋겠습니다. 생각보다 나에게 필요 없는 행복의 기준들을 위해 우리는 노력과 시간을 낭비하곤 하니까요.

땅속으로 기초를 내리다 보면 암반이나 나무뿌리와 같은 예상치 못한 장애물을 만나기 마련입니다. 그 장애물들은 외부에서 생기기도 하지만 원래 있던 장애물이 대부분이죠. 이렇게 마주하는 장애물은 바로 내 안의 걱정입니다. 이 걱정을 만났을 때 어떻게 대처하고 깊은 말뚝을 심을 수 있을지에 대해 이어서 이야기하겠습니다.

행복을 찾는 방법 14

'행복은 다다익선이 아니라 심심익선이다.'

행복은 다다익선(多多益善)이 아니라 심심익선(深深益善)이다.
다 행복할 수 없다.
내가 행복이라 정의 내린 행복이 깊을수록 고차원적으로 행복한 인생을 살 수 있다.

2
지극히 충분한 75%

행복에 필요한 다섯 가지 조건

첫째 : 먹고, 입고, 살고 싶은 수준에서 조금 부족한 듯한 '재산'

둘째 : 모든 사람이 칭찬하기에 약간 부족한 '용모'

셋째 : 자신이 자만하고 있는 것에서 사람들이 절반 정도밖에 알아주지 않는 '명예'

넷째 : 겨루어서 한 사람에게 이기고 두 사람에게 질 정도의 '체력'

다섯째 : 연설을 듣고서 청중의 절반은 손뼉을 치지 않는 '말솜씨'[28]

여러 가지 행복을 누리는 것보다 몇 가지의 진정한 행복을 깊이 있게 누리는 것이 더 행복한 삶을 사는 데 도움이 된다고 이야기했습니다. 그렇다면 어떤 행복을 골라야 할까요? 그리고 그 깊이는 얼마나 깊어야 할까요?

행복은 다다익선이 아니라 심심익선입니다. 모든 종류의 행복을 다 누리는 건 착각이자 과욕입니다. 다 가진 사람은 이 세상에 없습니다. 물론 그렇게 보이는 사람들이 많지만, 실상은 과대포장된 이미지이거나, 우리가 모르는 다른 부분에서 대가를 치르고 있는 경우가 대부분입니다.

겉으로 보기엔 모든 걸 다 가진 것 같은 국민 아이돌 출신 모 가수도, 결국 모든 행복을 동시에 가지려다 무너졌던 시절이 있었습니다. 끼가 많아서 하고 싶은 것도, 잘하는 것도 많았던 청춘 드라마 출신 모 배우도 결국 모든 행복을 동시에 쥐려다 자신을 잃어버린 시기를 겪기도 했죠. 그렇게 고생을 겪고 나니, 자신만의 행복과 적당한 깊이를 추구하며 어느 섬과 어떤 대학교에서 자신만의 행복한 인생을 살기 위해 노력했고, 노력하고 있습니다.

인격이 행복해야 한다

인간의 운명을 가르는 결정적인 차이는 세 가지 기본 인생 자산에 기인한 것임을 이야기하고자 한다. 그것은 다음과 같다. 첫 번째 범주는 '인간을 이루는 것'이다. 즉 가장 넓은 의미에서의 인격을 의미한다. 여기에는 건강, 힘, 아름다움, 기질, 도덕성, 예지와 그 함양이 포함된다. 두 번째 범주는 '인간이 지니고 있는 것'이다. 즉 일반적인 의미에서의 재산과 소유물을 의미한다. 세 번째 범주는 '인간이 남에게 드러내 보이는 것'이다. 즉 남의 눈에 비친 자신의 모습, 즉 남에게 어떤 인상을 주는가 하는 것이다. 따라서 남의 견해를 말하는 그것은 명예, 지위, 명성으로 나누어진다.[29]

쇼펜하우어는 인간의 운명을 만드는 세 가지를 이야기합니다. '이루는 것', '지니고 있는 것', '남에게 보이는 것'. 모두 중요하지만 그중 가장 중요한 것은 첫째, '인간을 이루는 것'입니다. '지니고 있는 것'과 '남에게 드러내 보이는 것'은 변하지만, 이에 비해 '인간을 이루는 인격'은 잘 변하지 않으니까요. 그리고 다른 것들에 비해 '인격'은 하루아침에 만들어지지 않고 오랜 기간을 통해 만들어지니까요. 인격이 '지니는 것'과 '드러내 보이는 것'을 만들기도 하니까요.

물론 지니고 있는 것도 중요합니다. 하지만 백 개를 가지고 있어도 하나가 없어서 불행하다고 생각하는 게 인간이기에, 그 행복은 영원하지 않습니다. 남에게 드러나 보이는 명예나 지위도 마찬가지입니다. 하나를 얻으면 얻지 못한 또 다른 지위, 더 높은 지위가 욕심나서 불행해질 수도 있으니까요. 하지만 인격이 높은 사람은 이 두 가지가 없다고 고통스럽지 않습니다. 자신의 '격'을 알고 그것에 맞게 살아가는 사람들이기에 자신만의 행복을 만들며 살아갑니다.

그래서 우리는 인격적인 행복을 선택해야 합니다. 인간의 행복에서 가장 근본적인 것은 개인의 성향과 본성에서 오는 내적 만족감이니까요. 당장의 소유와 명예에 의해서 고통스럽거나 권태롭지 않고 나만의 운명을 만드는 데 가장 큰 기여를 하는 것은 인격이니까요. 고통스러운 왕보다는 행복한 거지가 더 낫다고 쇼펜하우어는 이야기하니까요.

어떤 내적 행복이 좋을까?

쇼펜하우어도 이야기했든 내적 행복에는 건강, 힘, 아름다움, 기질, 도덕성, 예지와 그 함양과 같은 여러 가지 종류의 가치가 있습니다. 이 모든 것을 다 얻으면 좋겠지만, 그 또한 너무 다양한 행복의 기초를 만드는 일이겠죠. 누구에겐 건강이 필요하고 누구에겐 아름다움이 필요합니다. 젊어서는 아름다움이 필요하고 나이가 들면 건강이 필요하기도 하고요. 인격을 형성하는 가치들도 나이와 상황에 따라 달라지는데 어떤 내적 행복을 추구하며 살아야 할까요?

인격을 이루는 것이 아닌, 인격을 전반적으로 향상할 수 있는 것에 행복을 추구하며 살아야 합니다. 성실, 배려, 꾸준함, 창조 그리고 정직한 삶을 위해서 살아야 하죠. 성실함은 자기만족을, 배려는 관계적 안정감을, 꾸준함은 자기 효능감을, 창조는 몰입의 기쁨을, 그리고 정직은 자기 신뢰라는 가치를 우리에게 선물하기 때문입니다.

성실함, 배려, 꾸준함, 창조, 정직은 모든 것을 만들 수 있습니다. 우리를 건강하게 하고, 힘이 생기게 하며, 어제보다 아름다워지게 합니다. 그리고 기질과 도덕적인 삶을 살게 하죠. 이는 돈을 주고 살 수도 없습니다. 어느 자리에 오른다고 생기는 것도 아닙니다. 오직 나만의 힘과 노력으로 만들 수 있는 것이죠. 혹여나 위기가 찾아와도 무너지지 않게 하는 마음속의 말뚝 역할을 하는 것입니다.

얼마나 깊어야 할까

건강한 인상을 주려는 작품은 적어도 그 창조자가 가진 힘의 4분의 3만 보여 주어도 된다. 만약 반대로 그가 자신의 한계까지 힘을 기울였다면, 그 작품은 관찰자를 흥분시키고, 작품의 긴장감으로 관찰자를 불안하게 만든다. 모든 훌륭한 것들은 여유를 조금 가지고 있으며 초원의 소처럼 누워 있다.[30]

그렇다면 얼마나 깊은 행복을 가져야 할까요? 내가 원하는 최고치의 75%, 즉 4분의 3 만큼이면 충분합니다. 니체는 자신이 가진 힘의 4분의 3 정도로 작품을 완성하는 노력이 느긋한 여유와 넉넉한 작품을 만드는 힘이라고 이야기합니다. 이는 예술적인 작품에만 해당하는 이야기가 아닙니다. 우리 삶의 태도, 만족의 정도, 고통과 균형에 대한 철학적 통찰이기도 합니다.

사람들은 종종 완벽함을 추구하며 100% 혹은 그 이상의 행복을 이루고자 애씁니다. 하지만 그 채움이 부족함보다 더 위험할 수 있습니다. 100%의 행복을 추구하는 순간 우리는 그보다 1%라도 부족한 현실에 괴로워하고 우리의 90%의 행복도 타인의 95% 행복에 무너질 수 있기 때문입니다.

반면 75%는 여유롭고 견고합니다. 남은 25%는 고통이나 권태가 아닌 삶의 여백이 되고 유연히 채워나갈 미래의 공간이 됩니다. 이 공간이 있어야 권태가 들어올 자리가 없어지고, 고통이 찾아와도 흔들리지 않을 수 있습니다.

건축학적으로도 건물의 최대 하중의 70~80% 정도를 실제 하중으로 설계하고, 심리학적으로도 80% 미만의 목표 달성이 지속적인 동기부여를 준다는 결과도 있습니다. 소주를 따를 때도 7부만 따르는 것이 제일 좋으니까요.

내가 원하는 인격을 가진 자기 모습을 상상해 보세요. 그 모습에서 75%를 채우기 위해 성실, 배려, 꾸준함, 창조, 정직을 가지고 오늘을 살아 보세요. 영원히 100점을 받을 수 없는 이 인격적인 가치는 4분의 3 정도를 채우기 위해 오늘 최선을 다해 살게 하고, 남은 4분의 1을 채우기 위해 내일도 노력하게 만듭니다. 그렇게 우리는 어제보다 더 나은 행복을 추구하는 건전하게 행복한 사람으로 살 수 있는 것입니다.

모두가 100점을 받기 위해 120% 노력하는 시대입니다. 그래서 사람들은 20%만큼, 아니 그 이상 불행한 삶을 살곤 합니다. 만점은 100점인데 120점을 받기 위해 노력한 시간은 고통으로 남을 테니까요. 120%를 노력한다고 해서 100점을 받는다는 보장도 없으니까요. 반면 75%를 노력하는 사람들은 행복합니다. 그들은 최선을 다하지 않은 것이 아닙니다. 나의 노력으로 75%를 채우고 여유로 25%를 남겨둡니다. 그리고 이 여유를 통해서 다음에도 이어 나갈 준비를 합니다. 그렇게 매번 남은 25%의 75%씩 채워나가면서 노력합니다. 그렇게 어제보다 나은 삶을 통해 발전해 나갑니다. 그렇게 점점 자신의 깊이를 채워갑니다.

물론 재미없을지도 모릅니다. 단시간 내에 성공적인 결과를 얻지 못해 실망할지도 모릅니다. 하지만, 분명 인생을 어느 정도 살고 난 후에는 이 75%의 누적의 힘이 모이면 큰 힘을 발휘할 것입니다. 절대 포기하지 않고, 꾸준히 나아가는 삶의 자세로 능력과 여유를 모두 가진 사람이 될 수 있을 것입니다. 힘들어도 웃으며 행복한 사람이 될 수 있을 것입니다.

그런 꾸준한 행복을 가지고 사셨으면 좋겠습니다. 오늘은 75%이지만, 다음번에는 남은 25%의 75%를 채운 93%의 행복을, 그다음엔 98%의 행복이 우리를 기다리고 있을 테니까요. 하루아침에 깊은 행복보다는 점점 깊어지는 행복이 더 좋으니까요.

'이 행복이 제일 좋은 행복이니, 이 행복을 위해서 사시면 됩니다'라는 답을 드릴 수는 없습니다. 행복은 그런 게 아니니까요. 내적 행복을 위해 자신만의 말뚝을 꾸준하고 적당하게 심어내는 과정이니까요. 하지만 혹자는 이런 행복은 눈에 보이지 않고, 재미가 없다고 생각할지도 모릅니다. 사실, 제일 직접적인 행복은 지금 당장 현실에서 즐겁고 짜릿한 것일지도 모르니까요. 이에 비해 간접적인 내적 행복을 위해서만 사는 건 생각처럼 쉽지는 않으니까요. 재미없을지도 모르니까요. 그렇다면 이상적인 행복과 현실의 즐거움 사이에서 어떤 선택을 하는 것이 좋을지에 대해 이어서 이야기해 보겠습니다.

행복을 찾는 방법 15

'75%만 행복해도 충분히 행복하다.'

오늘 당장 100%를 행복하지 않아도 괜찮다.
오늘은 75%,
내일은 93%,
그다음엔 98%,
이렇게 점점 깊어지는 행복이 더 오래가고, 흔들리지 않는다.
오늘을 열심히 살게 하고, 만족하는 내일을 만든다.

3
바람직한 현실과 이상의 비율

삶의 지혜는 대부분 현재와 미래에 대한 주의와 관심의 적절한 균형 속에서 얻을 수 있다. 경박한 사람들은 지나치게 현실 속에 파묻혀 지내고, 불안과 근심에 시달리는 사람들은 지나치게 미래에 매달려 살아간다. 그 사이에서 균형을 유지하는 사람들은 드물다. 늘 앞만 바라보며 미래 속에 사는 사람들은 현재를 즐기지 못한다.[31]

매일 5시에 일어나 차 한 잔과 담배를 피우고 난 후 강의를 준비하고, 7시부터 11시까지는 강의를 합니다. 강의가 끝나면 책을 쓰고 정확히 3시 30분부터는 산책을 합니다. 이 3시 30분이라는 시간이 너무나도 정확해서 주위 사람들은 이 사람의 산책 시간을 보며 시계를 맞췄다는 일화가 유명하죠. 바로 근현대 철학의 중심인물로 평가되는 임마누엘 칸트의 이야기입니다.

칸트가 처음부터 이렇게 계획적이고 이성적인 삶을 산 것은 아니었습니다. 하지만, 본인의 허약한 체질과 자신의 저서 '순수 이성 비판'을 쓰면서 이런 가치관을 만들었다고 합니다. 다소 비현실적이고 어려운 삶이었지만, 의식적인 노력을 통해 매일 이를 반복하면서 살 수 있었던 것이죠.

200여 년 전의 칸트를 찾지 않아도, 이 시대에도 그처럼 꾸준하고 성실하며 매일매일 사는 훌륭한 분들이 많습니다. 하루도 빠지지 않고 의식적으로 자신의 삶을 디자인하고 실행에 옮기는 사람들이 있죠. 하지만 현생을 살아가는 평범한 사람들에게 쉽지는 않은 이야기입니다. 가끔 몸이 안 좋으면 늦잠도 자야 하고, 회식하거나 운동을 과도하게 하면 며칠은 쉬어 주기도 해야 하니까요. 그리고 나뿐만 아니라, 가족들도 챙겨야 하고 때로는 나보다 일이 더 중요하기도 하니까요.

형이상학적인 내적 행복은 그럴싸해 보이지만, 직장이나 가정에서 제 역할을 못 하는 사람이 될 수도 있습니다. 현실에 맞춰서 살 필요가 있는 것이죠. 직장과 가정에서 삶의 만족도는 우리의 행복에 가장 크게 기여하니까요. 내가 가장 오랫동안 몸담고 있는 곳에서 즐거움이 현실의 행복을 가장 크게 좌우하니까요. 현실이 행복해야 그래도 가장 맛있는 살맛이 나는 법이니까요.

내적인 행복만 추구하면서 살 수는 없습니다. 현실의 행복도 추구하면서 살아야 합니다. 한 번뿐인 인생, 눈에 보이지 않는 행복만 찾다가 허무하게 보내버릴지도 모르니까요. 하지만 현실의 행복만 챙기며 사는 것도 위험합니다. 현실의 눈에 보이는 행복은 계속 보고 싶다는 집착을 만들고, 이 집착은 고통과 권태로 이어질 테니까요.

현실과 이상의 적정 비율

그래서 우리는 현실의 행복과 이상적인 행복의 비율을 조절해야 합니다. 너무 이상적이어도 너무 현실적이어도 우리는 고통스러워질 테니까요. 뭐든지 극단보다는 '적당히'가 오래가는 법이니까요.

우리의 몸도 이 '적당히'를 원합니다. 너무 열심히 일하면 조금 쉬고 싶어지고, 너무 쉬다 보면 미래가 걱정돼서 불안해지기도 하죠. 마냥 편하고 싶을 것 같은 무의식도 과도한 쾌락에는 불안함을 느끼는 것이죠.

샌프란시스코 주립대 라이언 하웰Ryan Howell 교수진의 연구결과에 따르면 행복한 인생을 위해서는 '균형 잡힌 시간 관점'을 갖는 것이 중요하다고 합니다. 과거, 현재, 미래 중 하나의 관점에만 지나치게 의존하면 해롭고 파괴적인 행동에 빠질 수 있다고 말하죠. 너무 미래지향적이라면 잠시 시간을 내어 현재를 즐기고, 너무 쾌락주의적이고 현실적이라면, 미래의 나를 위해 노력이 필요한 시간인 것입니다. 그렇다면 현재와 미래의 행복을 위해 나누는 적정 비율은 얼마일까요?

심리학에서도 증명된 황금비율

『내 안의 긍정을 춤추게 하라』의 저자 바버라 프레드릭슨은 긍정 정서와 부정 정서의 황금비율을 3:1로 정의합니다. 기쁨, 사랑, 흥미, 재미와 같은 지금 누릴 수 있는 긍정적인 정서 75%와 적당한 불안감, 실패에 대한 우려와 같은 부정적인 정서 25%가 행복의 황금비율이라고 말합니다. 평균적인 사람들은 1:1, 2:1 정도의 비율로 너무 과도하게 부정적인 정서를 안고 걱정하며 살아가지만, 긍정 정서와 부정 정서의 비율이 3:1

인 사람의 감정이 가장 이상적인 행복이라고 말합니다.

오늘 100% 당장 행복하지 않고, 75%만 행복한 것이 더 이상적인 행복인 것입니다. 나의 행복을 위해 쓸 시간이 4시간이 있다면 3시간은 오늘 행복하기 위한 일을 하고, 1시간은 하루를 반성하며 미래를 위한 내적 행복을 추구하는 게 좋은 것이죠. 지금 당장 행복한 감정으로 '살맛'을 느끼고, 미래를 위해서도 성장할 수 있는 '약'을 주는 것입니다. 오늘도 내일도 행복하게 지낼 방법입니다.

예를 들어볼까요. 아침에 일어나서 좋아하는 샐러드를 먹으며 하루를 시작합니다. 이것이 첫 번째 긍정적 경험입니다. 그리고 내가 좋아하는 책을 읽고 운동을 하면서 두 번째 긍정적인 경험을 느낍니다. 그리고 오후엔 오랜만에 친구를 만나서 즐거운 대화를 나누며 세 번째 긍정적인 경험을 느끼죠. 하지만 저녁에 가족 간의 (살면서 겪어야만 하는) 트러블로 인해 스트레스를 받고 이를 해결합니다. 이것이 오늘의 부정적인 경험이 됩니다. 이렇게 3:1의 비율로 긍정과 부정의 균형을 이루는 것입니다.

평균이 75% 일뿐이다

하지만 매일매일 똑같이 75%의 비율로 살 수는 없습니다. 상황과 시기에 맞는 적절한 비율로 커스터마이징하는 것이 필요합니다.

큰 시험을 앞두면 이 3:1의 비율을 유지할 수 없습니다. 시험 기간에는 1:3이거나 그 이상으로 현실의 행복을 줄일 필요도 있죠. 이런 시간 조절을 통해 꽤 만족스러운 결과를 얻고 나면, 시험이 끝난 후에 75%는 더 높은 만족과 행복을 가져다줍니다.

하지만 시험기간에 3:1을 유지하며 현실의 행복을 과하게 누리면 그 결과는 상대적으로 행복하지 않습니다. 그래서 그 다음에는 이상적인 행복을 위해 노력했던 '1'의 시간이 부정적으로 느껴지고 이를 줄이거나 과도하게 늘릴지도 모릅니다. 공부를 포기하거나 집착할 수 있는 것이죠. 이런 감정은 이상적인 황금비율이 깨지기 쉽습니다.

과도한 걱정과 부정적 감정을 가지고 오랜 기간 지내다 보면 하루하루가 행복하지 않습니다. 그래서 오늘의 그 노력을 계속 이어 나갈 '맛'이 사라지게 되죠. 그럴 땐 조금 쉬어도 괜찮습니다. 재미있거나 흥미 있는 것을 위해 살아도 괜찮습니다. 결국 평균을 75%로 만들면 되니까요.

행복을 미루고만 사는 사람들이 종종 있습니다. 오늘의 행복을 희생해서 몇 년 후의 행복만을 바라면서 사는 사람들이 있습니다. 얼마나 큰 행복이 나중에 찾아올지 모르겠습니다. 기대했던 만큼의 행복이 채워지지 않아서 더 큰 실망이 될지도 모르죠. 오늘 누릴 수 있는 75%의 행복은 오늘 누리셨으면 좋겠습니다. 미래를 위한 행복은 25%만 남겨둬도 괜찮습니다. 이 적절한 비율이 오늘 얼마나 행복하고, 내일 얼마나 성장할지 정할 테니까요. 25%가 적어서 성장하지 못하는 것이 아니고, 대부분은 중간에 포기하기에 성장하지 못하는 것이니까요.

자신만의 적당한 비율로 현실과 이상을 위해 사시길 바랍니다. 오늘 조금 무리하면 내일은 조금 쉬시길 바랍니다. 오늘 너무 쉬었으면 내일은 미래를 위해 조금 더 노력해도 좋습니다. 그 비율이 내 행복을 만들어 나가고 있으니까요. 지적으로 행복을 조절하며 사는 삶은 너무 쾌락적이지도 심각하지도 않은, 오래가는 행복이 가득할 테니까요.

75%의 균형을 잘 잡고 살다가도, 가끔 저 멀리 있는, 너무

좋아 보이는 이상이 우리의 욕망을 자극하곤 합니다. 그래서 우리의 조화를 무너뜨리기도 하죠. 이 균형이 무너지지 않으려면 어떻게 해야 할까요? 이어서 이야기해 보겠습니다.

> **행복을 찾는 방법 16**
>
> '현실과 이상의 균형감각이 행복을 만든다.'
>
> 과도한 미래는 불안이 되고,
> 과도한 현재는 권태가 된다.
> 좋은 행복은 현실과 미래의 적절한 비율에서 자라난다.

반딧불처럼 견뎌내라

곤궁과 비탄의 무대이며, 적어도 우리에게 알려진 견본으로 판단하건대 가장 행복한 경우라 해도 무료함을 던져 줄 뿐인 세상을 비추는 일밖에 하지 않는 별들, 즉 방대한 우주, 무한한 공간에서 무수히 반짝이는 별들을 바라보면 우리는 미치고 싶은 기분이 든다. 세상에 부러워할 만한 사람은 아무도 없는 반면, 매우 슬퍼해야 할 만한 사람은 무수히 많다. 인생이란 어떻게든 끝마쳐야 하는 힘든 과제와 같다. 이러한 의미에서 볼 때 "나는 인생을 견뎌 냈다"라는 말은 멋진 표현이다.[32]

별처럼 빛나는 삶을 살고 싶어 합니다. 초등학교 시절, 장래 희망을 쓸 때는 그 시절의 내가 생각했을 때 가장 빛나 보이는 무언가가 되고 싶었죠. 그리고 현실 속에서도 남들보다 더 잘하고 인정받아서 빛나는 인생을 살고 싶어 합니다. 하지만 현실은 그런 작은 희망을 비켜 나가곤 합니다.

얼마 전 화제가 된 노래 '나는 반딧불'의 주인공 황가람씨의 인생도 그랬습니다. 그에게 가장 빛나 보이던 가수가 되겠다는 일념 하나로 200만 원을 들고 상경을 했습니다. 그렇게 홍대에서 버스킹을 하다 보면 누군가가 나타나 '자네 음악을 한번 해보지 않을 텐가'라고 손을 내미는 일이 생길 줄 알았죠. 하지만 그렇지 않았습니다. 찜질방, 교회 등 장소를 가리지 않고 노숙하고 다양한 아르바이트를 하면서 버텼습니다. 그렇게 수년간 버티다가 그를 이 세상에 알린 노래가 바로 '나는 반딧불'입니다.

빛나는 별이 아니어도 괜찮다

'나는 내가 빛나는 별인 줄 알았어요. 한 번도 의심한 적 없었죠. 몰랐어요. 난 내가 벌레라는 것을 그래도 괜찮아, 난 눈부시니까.' 누구나 자신이 별인 줄 알았던 시절이 있어서일까요. 그의 호소력 짙은 목소리로 이 가사를 들으면 그 시절 생각이 나서 눈물이 맺히곤 합니다. 그는 노래합니다. '그래도 괜찮다고'. 네, 맞습니다. 괜찮습니다. 빛나는 별이 아니어도 괜찮고, 빛나는 별을 향해 날아가지 않아도 충분히 괜찮습니다.

우리가 동경했던 장래 희망과 우리가 희망하는 저 별빛은 현실에는 존재하지 않는 수천 년 전 먼 우주의 별이 만들어낸 잔상일지도 모릅니다. 저 하늘의 별빛은 수백에서 수천 년 전의 빛이 오늘에서야 우리 눈에 보이는 것이니까요. 하지만, 이 세상은 그 오래된 빛처럼 살라고 이야기합니다. 별이 되지 못하면 그 빛을 열심히 좇으라고 이야기하기도 하죠.

그래서 나방처럼 저 빛을 향해 돌진하고 종종 타버리기도 합니다. 생각보다 하늘 위로 올라가는 건 힘들기도 하고, 빛은 생각보다 뜨거우니까요. 그렇게 우리는 빛이 되어가는 걸 포기합니다. 그냥 현실에 안주하며 살게 되죠.

하지만 저 빛나는 별이 아니어도 괜찮습니다. 저 밝은 별들이 꼭 행복하리라는 보장은 없으니까요. 오늘 내 마음이 행복하고 잠들기 전, 큰 걱정 없는 것만으로도 꽤 괜찮은 삶을 살고 있는 것일 테니까요.

반딧불의 빛도 충분하다

사실 3:1의 균형 잡힌 행복으로는 저 하늘의 빛처럼 살아가긴 어렵습니다. 별의 탄생 자체가 균형적이지 않으니까요. 우연히 충돌하는 초신성과 뜨거운 핵융합 작용이 있어야 그 낮은 확률을 뚫고 별이 만들어지니까요. 오늘의 행복과 미래의 행복과의 균형을 통해서는 저 하늘의 빛이 되기는 현실적으로 어려운 것이니까요.

우리의 삶이 별빛처럼 빛나지 않아도 괜찮습니다. 반딧불 같은 빛만으로도 충분합니다. 별빛은 자신보다 타인을 위한 빛을 냅니다. 하지만 반딧불은 생존을 위해 빛을 만들어냅니다. 짝을 찾으려고, 천적을 피하려고 빛을 냅니다. 즉 살기 위해서 빛을 내는 것입니다. 이 작은 생명체가 만들어내는 빛은 외로울지 몰라도 그 진정성만큼은 어느 별보다도 뜨거운 것입니다. 그 누구보다도 나를 위해 빛을 내고 있으니까요.

우리가 내야 하는 빛은 바로 이런 모습입니다. 오래되고 과하게 밝은 수동적인 빛이 아닌, 나와 내 주위 사람들을 위한 적극적인 빛을 만들어내야 합니다. 너무 먼 이상을 위해서 참지 말고 오늘의 현실을 위해 하루하루 빛을 내며 살아야 하는 것입니다. 오늘 내 주변을 밝히는 빛이 내가 만들 수 있는 이 세상을 위한 최선의 빛인 것입니다.

반딧불처럼 인생을 견뎌내라

인생이란 어떻게든 끝마쳐야 하는 힘든 과제와 같고, '인생을 견뎌냈다'라는 말은 멋진 표현이라고 쇼펜하우어는 이야기합니다.

우리는 이 세상을 비추는 별이 되지 못할지도 모릅니다. 하지만 오늘 나의 행복과 주변 사람들의 기쁨을 위해 노력을 다한다면 그 어두움을 비출 수 있는 반딧불 같은 빛은 될 수 있습니다. 저 별이 만들어낸 빛이 아니라 내가 만들어냈기에 더 보람차겠죠.

반딧불처럼 인생을 견뎌내시길 바랍니다. 별처럼 나 자신을 과도하게 태워 가며 빛을 내지 말고, 나방처럼 불빛만 따라다니다가 타버리지도 말고, 현실 속에서 나만이 만들 수 있는 행복을 통해 주변을 빛내는 인생을 사시길 바랍니다.

나의 행복을 위해서 내가 잘할 수 있는 것을 노력해서 최선을 다해서 오늘 하루를 빛나게 살면 됩니다. 내 가족이 더 따뜻한 곳에서 행복할 수 있도록 내가 할 수 있는 노력을 하면 됩니다. 큰 성공을 거두지 않아도 괜찮습니다. 그냥 나의 힘으로 만든 빛으로 나와 내 주위가 밝아지는 것만으로도 충분합니다. 어제보다 조금 밝아지면 더 좋고, 어제와 비슷해도 괜찮습니다. 나의 힘으로 만든 불빛이라는데 의미가 있으니까요. 이보다 못한 사람들도 많고, 저 빛을 좇다가 아무런 빛을 내지 못하고 타버리는 사람도 많으니까요. 그에 비하면 우리는 충분히 괜찮고, 충분히 눈부시니까요.

충분히 밝고 아름다운 여러분의 불빛을 잃어버리지 말고, 오래도록 내셨으면 좋겠습니다. 그래도 괜찮습니다. 포기하지 않는다면 결국 여러분은 빛날 테니까요.

별은 빛을 내는 데 최선을 다하고, 나방은 날갯짓에 몰입해야 합니다. 반딧불이는 자신만의 소중한 빛을 내기 위해 최선을 다해야 하고요. 날갯짓과 불빛에 몰입이 없으면 나방, 반딧불로서 고통스럽겠죠. 제대로 날지 못하고, 제대로 빛을 내지 못하니까요. 이렇게 행복은 내가 몰입해야 하는 행동에서 시작됩니다. 이어서 몰입에 대해 이야기해 보겠습니다.

행복을 찾는 방법 17

'가장 밝게 빛나지 않아도 충분히 행복할 수 있다.'

나는 내가 빛나는 별인 줄 알았어요.
한 번도 의심한 적 없었죠.
몰랐어요 나 내가 벌레라는 것을
그래도 괜찮아 난 눈부시니까.
<황가람, 나는 반딧불 중에서>
괜찮습니다. 여러분의 오늘도 충분히 눈부십니다.

5
몰입은 행복을 만든다

정신의 둔감함 때문에 수많은 사람의 얼굴에 새겨진 내면의 공허가 발생한다. 이러한 내면의 공허가 드러나는 이유는 아무리 하찮은 사건이라도 외부 세계에서 일어나는 모든 일에 늘 정신을 집중하기 때문이다. 내면의 공허가 바로 무료함의 근원이다. 이 공허는 무언가를 통해 정신과 기분을 움직이려고 늘 외적인 자극을 갈망한다. 따라서 무엇을 선택할지 까다롭게 굴지 않는다. 형편없는 일을 하면서 시간을 때우는 사람, 이와 마찬가지로 그들의 사교와 대화의 종류, 그리고 많은 문지기나 창문 안을 엿보는 사람을 보면 그런 사실을 알 수 있다.[33]

별도 에너지를 모아 빛을 만들고, 나방도 날갯짓을 모아 별빛을 따라다니며 반딧불도 내부의 화학작용을 모아 자신만의 빛을 만듭니다. 뭐가 되었든 결국 모여야 빛이든 날갯짓이든 되는 것입니다. 우리의 인생도 마찬가지입니다. 오늘과 미래의 행복을 위해서 우리는 무언가를 꾸준히 모아가야 합니다. 그리고 더 확실하고 더 좋은 행복을 얻기 위해서는 대충해서는 안 되고 몰입해서 해야 하죠.

하지만 쇼펜하우어가 이야기하듯 몰입은 쉽지 않습니다. 외부 세계에서 일어나는 하찮은 일에 정신이 쏠리곤 하니까요. 그렇게 내면이 점점 공허해지곤 하니까요. 세상은 너무 복잡해지고 관심 가져야 할 것들은 많아져서, 점점 몰입이 힘든 사람이 되어가니까요.

나만의 몰입을 통해서 만들어낸 무언가가 나와 주변을 비추는 것. 이것이 어쩌면 최고의 행복 아닐까요? 하지만 몰입을 방해하는 이 세계와 나의 습관이 나의 행복을 빼앗아 가고 있습니다. 그래서 우리는 힘들지만 더욱 몰입을 해야 합니다. 몰입하지 못하고 여기저기 방황만 하다가는 참 좋은 행복을 누리기 어려울 테니까요.

몰입 - 에너지를 집중하는 시간

몰입하는 순간은 내면의 에너지를 집중하는 시간입니다. 그리고 이는 나만 느낄 수 있는 행복으로 이어지는 소중한 시간입니다. 꾸준히 달리기를 하고 있습니다. 운동을 싫어하진 않지만 제가 마라톤을 할 줄은 몰랐습니다. 힘들게 뛰는 사람들을 보면서 '왜 사서 고생을 하지?'라는 생각을 했었거든요. 그런데 우연히 시작한 마라톤에서 느낀 몰입의 힘은 저를 계속 달리게 합니다.

달리기는 참 신기합니다. 일단 운동화를 신고 나가서 달리기 시작하면 몰입할 수밖에 없습니다. 몰입을 방해하는 불필요한 휴대폰 알림과 잡념에서 해방되니까요. 내가 목표한 거리를 달려야 한다는 생각에 생각과 호흡 그리고 한 발, 한 발에 몰입하게 됩니다. 잠시 잡념에 빠지게 되면 호흡은 흐트러집니다. 흐트러진 호흡은 리듬을 망칩니다. 안 그래도 힘든 달리기가 더 힘들어집니다. 몰입하지 않으면 더 고통스러워지는 것이죠. 자연스럽게 몰입해야만 하는 환경이 형성됩니다.

처음에는 힘들기만 했던 달리기를 1년 넘게 하고 나니, 달리고 난 후의 성취감이 참 좋습니다. 사실 하루 24시간을 살면서 무언가에 전적으로 몰입하며 보내는 시간이 생각보다 많지 않잖아요. 하지만 달리기를 통한 의도적 몰입은 일반적이지 않은 행복을 만들어줍니다. 물론 기록은 들쑥날쑥하고 목표한 거리를 못 달리기도 합니다. 그래도 30분에서 1시간 정도의 몰입은 그 시간 동안 온전히 인생의 주인이 되어 나를 통제하는 행복한 시간으로 이어집니다.

몰입은 자신감을 준다

이 몰입의 습관은 언제든 집중할 수 있다는 자신감을 가져다줍니다. 이는 불확실한 미래라는 불안에서 벗어날 수 있는 좋은 방법입니다. 학창 시절에 조금 얄미운 친구들이 있습니다. 저는 시험 기간 몇 주 전부터 공부하면서 시험을 준비하는데, 시험 며칠 전부터 시험을 준비하는 친구들이 있습니다. 흔히 벼락치기라고 하죠. 신기한 건 그렇게 벼락치기를 하는 친구 중에는 시험을 생각보다 잘 보는 친구들도 있다는 겁니다.(물론 그 친구가 평소에 수업을 잘 들었을 수도 있습니다.) 그런 친구들은 다음 시험에서도 비슷하게 준비합니다. 왜냐하면 본인의 벼락 같은 몰입에 자신감이 있기 때문이죠. 시험을 며칠만 앞두고 몰입해도 충분히 할 수 있다는 자신감은 그들을 불안하지 않게 합니다.

몇 주 동안 시험을 준비해도 너무 잘하려다 보니 실수해서 노력 대비 시험을 보지 못하는 사람들도 있지만, 이 단기간의 몰입을 통해서 무언가를 해낸 경험이 있는 사람은 불안해하지 않습니다. 오히려 더욱 당당해지기도 하죠. 자신의 벼락같은 몰입의 힘을 믿으니까요.

그들에겐 시험이 불안하지 않습니다. 자기 몰입의 결과를 시험할 수 있는 장이니까요. 몰입을 통해 불확실한 것을 확실한 것으로 만들어본 경험이 있으니까요. 그리고 이 경험은 공부 외에 다른 분야로도 확장됩니다. 자신이 몰입하면 이 세상에서 못 할 게 없다는 자신감이 이어 나가는 것이죠. 계속 벼락치기로 이어지지 않고 몰입의 기간을 늘리고 습관화하면 무엇이든 할 수 있는 자신감을 갖는 것입니다. 불안하지 않고 자신감이 넘치는 즐거운 인생을 살 수 있게 하는 것이죠. 이렇게 몰입하는 사람들은 자신을 믿을 수 있고 불안해하지 않을 수 있습니다.

몰입의 결과는 더 행복하다

몰입은 비몰입보다 깊은 행복을 선사합니다. 이런 경험은 과거를 후회로 만들지 않고 좋은 경험으로 만드는 역할을 합니다. 오늘도 어제처럼 쉬고, 어제 같은 행복으로 채워나가고자 하는 게 무의식이 우리를 조종하는 방식이지만, 이런 행복은 금세 사라집니다. 지난주에 무슨 영상을 보셨나요? 지난달에 어떤 쇼핑을 하셨나요? 무언가를 보고 사면서 그날의 현실적인 행복을 채웠지만 기억에 남지 않습니다. 오히려 기억에 남지도 않을 것에 시간을 보낸 나 자신이 후회스럽기도 하죠.

내가 진정 몰입하는 과정에서 만들어낸 것은 절대 후회로 남지 않습니다. 저 하늘 위 누각으로 향하기 위한 하나의 계단을 손수 만든 것이니까요. 물리적으로나 정신적으로 결과물이 남아있으니까요. 내가 그 시간에 몰입했었다는 감정, 그리고 그 결과로 이 세상에 도움이 되었다는 느낌. 이 느낌은 과거를 후회스럽게 만들지 않습니다. 보람차게 만들죠.

최근 방영된 드라마 '중증외상센터'에서 백강혁(주지훈 역) 교수는 그가 살린 환자들과 찍은 사진을 모아둡니다. 드라마에서의 그는 체면도 자리도 중요하지 않습니다. 오직 사람을 살리는 데만 집중하고 몰입합니다. 그리고 그 결과물로 남겨진 사진들을 보면서 보람을 느끼고 행복감을 느낍니다.

그렇게 몰입을 한 사람에게는 과거가 후회로 남지 않습니다. 아무리 힘들었고, 괴팍한 방식으로 사람을 구했어도 보람과 행복으로 기억됩니다. 몰입이 있었기에 다른 사람들과는 조금 다르더라도 자신만의 행복을 찾아갈 수 있으니까요. 진정 자신의 삶을 살게 하니까요.

몰입은 밀도 높은 시간을 만든다

시간이 너무 빨리 지나간다고 한탄하는 사람이 있다. 그의 인생에 귀중한 가치 있는 것이 있었다면 시간은 그리 황급하게 지나가지 않았을 것이다.[34]

10대에는 시속 10km로 인생이 흘러가고, 20대는 20km, 30대는 30km, 50, 60대에는 50~60km로 인생이 흘러간다고들 이야기합니다. 확실히 나이가 들수록 맞는 말인 것 같기는 합니다. 그런데 시간은 똑같이 흐르는데 이렇게 느껴지는 이유가 논리적으로는 이해가 되지 않습니다. 무슨 차이가 있길래 나이가 들수록 시간이 빨리 가는 것일까요?

나이가 들수록 몰입하지 못해서 그렇습니다. 4살짜리 딸에게 오늘 하루가 어땠냐고 물으면 놀이공원을 다녀와서 너무 행복하다고 합니다. 그렇게 노는 것에 몰입하다 보니 같은 시간을 더 알차고 행복하게 쓸 수 있는 것이죠. 하루가 지나고 나서 보니 '오늘은 열심히 놀았다'라는 큰 만족감이 밀도 있는 시간을 만들고, 추억으로 남게 되는 것입니다. 전혀 아깝지 않은 좋은 날로 기억되는 것입니다.

하지만 몰입의 즐거움을 모르는 사람에게 오늘 하루가 어땠냐고 물으면 '뭐 한 것도 없는데 이렇게 시간이 빨리 갔냐…'라고 이야기하곤 합니다. 막상 명확하게 기억나지는 않지만 몰입하지 못하고 이것저것 했던 하루를 보냈으니까요. 뭐 하나 명확하게 기억에 남지 않고 그냥 이 고민 저 고민하며 시간을 보내고, 해야 할 의무만 다하다 보니 깊이 있게 시간을 쓰지 못합니다. 그냥 무탈하게 시간을 흘려보내는 것이죠. 똑같이 흐르는 시간이 가볍게 흘러갑니다.

시간이 빨리 갔는지, 천천히 갔는지는 미래의 내가 판단합니다. '오늘 하루 왜 이렇게 빨리 갔지?', '이번 달 왜 이리 빨리 지나간 거지?'를 느끼는 것은 주로 저녁이나 마지막 주에 생각하곤 하니까요.

하지만 '시간이 빨리 갔다고만 느끼는 것'과, '시간이 빨리 갔지만 보람찼다'라고 느끼는 것은 다릅니다. 몰입해도, 하지 않아도 시간은 빨리 가지만 그 시간을 대변할 몰입의 결과가 남으면 보람차니까요. 그리고 몰입을 통해서 보낸 시간은 나이에 비례하는 속도로 흘렀어도, 밀도 또한 그에 비례하는 에너지로 무언가를 만들어낼 수 있었을 테니까요. 내 능력은 과거 나의 능력보다 더 좋기에 같은 시간 동안 더 좋은 것을 만들 수 있으니까요.

아이들이 놀이터에서 시간 가는 줄 모르게 노는 것 같은 몰입하는 행동이 여러분께는 있으신가요? 어쩌면 그런 행동이 없기에 우리의 시간은 나이에 비례해서 빠르게만 가고 있는지도 모릅니다.

나이에 비례해서 시간을 흘려보내지만 않고, 나이에 비례한 경험을 시간에 태운 몰입을 통해 더 깊은 행복을 만드셨으면 좋겠습니다. 나이가 들어도 권태롭지 않은 짙은 행복을 만드셨으면 좋겠습니다. 몰입을 통해서요.

내가 할 수 있는 최선의 몰입을 통해 행복을 깊게 새기는 진지한 여러분의 모습이 그려집니다. 이 몰입하는 자신의 모습 자체를 더 좋아하고 행복할 수 있는 방법을 이어서 소개하겠습니다.

행복을 찾는 방법 18

'몰입의 과정과 결과가 짙은 행복을 만들어낸다.'

사람들은 시간이 너무 빨리 흐른다고 한탄한다.
하지만, 진정으로 행복한 사람은
그 빨리 흘러가는 시간 동안 몰입하며
짙은 인생을 만들어낸다.
그렇게 자신만의 행복을 만들어낸다.

6
행복을 담아두는 시간

-
관조

모든 욕망에서 벗어나 삶이나 세계를 조용히 관조할 때, 우리는 가장 순수한 기쁨으로 충만하게 된다. 그러나 이러한 기쁨을 맛보기 위해서는 보기 드문 특별한 소질이 필요하다. 따라서 극소수의 사람들만 이러한 기쁨을 누릴 수 있으며, 이들도 꿈같이 짧은 순간 동안만 누릴 수 있을 뿐이다.[35]

드라마는 요약 편으로, 스포츠는 하이라이트로, 유튜브는 1.5배속으로 보는 이 시대에 세상을 차분하고 조용히 바라보는 것은 쉽지 않습니다. 고요한 마음으로 사물이나 현상을 관찰하거나 비추어 보는 뜻을 가진 '관조'가 어려운 이유죠. 비단

21세기만 그런 건 아니었나 봅니다. 쇼펜하우어도 관조의 기쁨을 얻기 위해서는 특별한 소질이 필요하고, 극소수의 사람만이 누릴 수 있다고 이야기하니까요. 그때나 지금이나 욕망에서 벗어나 인생을 조용히 관조하는 것은 지적이고 의식적인 노력이 없으면 쉽지 않은 행위인 것 같습니다.

눈에 보이는 행복만을 좇는 나방처럼 사는 것도, 몰입하지 못하고 시간만 빨리 가는 것도, 관조하는 삶을 살지 못하는 것과 같은 맥락입니다. 표면적이고 자극적인 것만이 눈에 띄는 세상에서 살다 보니 행복을 깊게 만들지 못하고 불필요하게 넓은 행복만 만들어 가는 것이죠.

관조는 천재적 능력이다

관조는 자기 자신과 자신의 관계를 완전히 잊는 것을 요구하므로, 천재성이란 다름 아닌 가장 완전한 객관성, 즉 자기 자신의 의지로 향하는 주관적 방향과는 달리 정신의 객관적 방향이다. 그에 따라 천재성이란 순전히 직관적으로 행동하고 직관에 몰입할 수 있는 능력이고, 원래 의지에만 봉사하기 위해 존재하는 인식을 이 봉사로부터 떼어 놓는 능력, 즉 자신의 관심, 의욕, 목적은 전혀 안중에 두지 않고, 그에 따라 한

순간 자기 자신을 완전히 포기하고 순수한 인식 주관으로서 세계의 명백한 눈으로 남는 능력이다.[36]

관조는 아무나 할 수 없는 천재적인 기술입니다. 나의 시간과 욕망을 버리는 것 같은 손해 보는 느낌이 들지만 그보다 차원 높은 무언가를 얻는 행동입니다.

최근에 우리나라 이공계의 천재들이 모인 카이스트를 방문한 적이 있습니다. 이 카이스트에는 다른 대학에서 보기 힘든 '명상 과학 연구소'라는 곳이 있었습니다. 흔히 생각하는 이공계의 메카 카이스트의 이미지와는 너무 다른 연구소였죠. 의아했습니다. '왜 대한민국의 최고의 브레인들이 모인 곳에 명상을 연구하는 곳이 있을까?'라는 생각을 했습니다. 그냥 밤낮으로 열심히 연구하는 곳이 카이스트인 줄 알았거든요.

연구소에 도착하자마자 소장님과 연구원의 얼굴을 보니 의문이 조금은 풀렸습니다. 명상과 수련을 통해 자신을 수련하고 연구하는 분들의 얼굴에는 차원 높은 미소가 자리 잡고 있었습니다. 본인도 행복해 보이고, 타인까지 행복하게 하는 흔히 볼 수 없는 천재적인 미소였습니다.

여러 책에서 명상이 참 좋다고 이야기합니다. 좋은 건 해봐야 직성이 풀리는 성격이라 저도 몇 번 시도해 보았습니다. 그런데 생각보다 쉽지 않았습니다. 마음을 진정시키기 어렵고, 머릿속에는 해야 할 일들이 자꾸 떠올랐고, 명상이 끝나면 하고 싶은 재미있는 것들이 떠올랐습니다. 그래서 관조가 천재적 능력이라는 것에 동의합니다. 하지만 명상 과학 연구소에서 프로그램과 함께 체험을 해보면서 느낀 경험은 새로웠습니다.

의식적으로 저에게 집중하게 되었습니다. 그러니 제 숨결과 몸의 상태가 느껴졌습니다. 심리적으로 평화로워졌습니다. 그러니 제가 욕망하고 있던 것들이 불필요하게 느껴졌습니다. 평화로운 행복을 얻게 되었습니다. 무엇에 집중해야 하는지, 오늘 나는 무엇을 해야 행복할 것인지, 내 인생은 어느 방향으로 가야 행복할 것인지가 그려졌습니다. 잠깐이었지만 참 좋았습니다.

관조는 멀리만 있지 않다

사실 우리들은 무의식적으로 관조하는 삶을 동경하고 있는지도 모릅니다. 그리고 어떤 분들은 주말마다 의식적인 관조를 통해서 마음의 평화를 얻곤 합니다. 바로 캠핑장에서 말이죠. 캠핑을 별로 좋아하진 않았지만, 캠핑을 좋아하는 딸 때문에 시작한 캠핑에서 관조하는 삶을 발견했습니다. 불을 멍하니 바라보는, '불멍' 덕분에요.

불이 일렁이며 춤추는 모습, 타닥타닥 타들어 가는 소리는 마음을 안정시킵니다. 별다른 의도 없이 타오르는 불을 바라보는 그 순간, 의지를 잠시 내려놓고 세상과 나를 한 걸음 떨어져 바라보게 됩니다. 그 순간이 바로 관조의 순간입니다. 잠시나마 고요한 관찰자가 되는 시간, 감정을 비우고 '무위'의 상태에 존재하는 시간. 그것이 불멍이 우리에게 주는 차원 높은 행복인 것이죠. 이 좋은 불멍을 매일 하며 살 수 있으면 좋겠지만, 현실이 쉽지는 않죠. 그렇다면 모닥불과 같이 내 삶을 관조할 수 있는 환경에 나를 자주 놓아두는 것이 좋습니다.

꾸준히 필사를 하고 있습니다. 이 책의 쇼펜하우어의 글도 매일매일 필사를 하면서 모았던 글을 통해 생각을 정리해서 쓰고 있고요. 필사를 하는 순간엔 욕망과 의지 없이 그들의 말을 손과 머리로 전적으로 이해하는 순간이 됩니다. 나의 시선이 아니라, 필사 문구의 시선으로 세상을 바라보는 것이죠.

주변은 고요하고 저와 글, 그리고 만년필 소리만 사각사각 들립니다. 그렇게 정신의 객관적인 방향을 느끼곤 합니다. 쇼펜하우어의 시선으로 제 삶을 관조합니다. 부족하지만 그렇게

라도 그의 생각에 닿아보려고 노력합니다.

행복을 깊게 새기는 길 - 관조

아무 노력 없이 깊은 행복을 간직할 수 없습니다. 행복을 깊이 간직하기 위해서는 몰입을 통해 얻은 행복을 담아두는 시간이 필요합니다. 그게 바로 관조입니다.

명상하지 않아도 좋습니다. 필사하지 않아도 좋습니다. 그 수단이 산책이 될 수도, 음악을 듣는 순간이 될 수도, 달리기를 하는 순간이 될 수도 있습니다. 모두가 '더하기'를 바라는 세상에서 의식적인 '빼기'를 통해서 내 행복의 깊이를 더할 수 있는 시간이니까요. 이 깊이만큼 우리는 덜 흔들리고 덜 불안하게 살 수 있을 테니까요. 그렇게 행복을 담아둔다면 행복은 멀리 있지 않다는 것을 알 수 있을 테니까요. 저 멀리 있는 행복이 아닌 내 안에 있는 깊은 행복을 느끼면서요. 이 행복을 깊게 새기면서 살아도 충분히 행복한 삶을 살 수 있으니까요. 그것이 바로 아무나 살지 못하는 천재적인 삶일 테니까요.

쇼펜하우어가 말했듯, 관조의 시간은 길지 않습니다. 이 짧은 관조의 시간으로 행복을 깨달을 수 있지만 오래 간직하긴 어렵겠죠. 관조가 '멈춤과 바라봄'을 통해 행복의 깊이를 새기는 것이라면, 이제 우리에게 필요한 것은 행복 속에서 '머무는 힘'일 것입니다. 이어서 행복 속에 오래 머무는 힘에 대해 이야기하겠습니다.

행복을 찾는 방법 19

'관조하는 삶은 고차원적인 행복을 가져다준다.'

욕망을 멈춘 자만이 고요하고 깊은 행복을 얻을 수 있다.
더하지 않아도, 바쁘지 않아도 충분히 행복해질 수 있다.
그 누구보다 천재적인 방법으로,
그렇게 관조하는 삶은 우리에게 고차원적인 행복을 선사한다.

7
폭싹
속아야 합니다

개성에 의해 인간이 누릴 수 있는 행복의 한도가 미리 정해져 있다. 특히 정신력의 한계에 따라 고상한 향유를 누릴 수 있는 그의 능력이 최종적으로 확정되는 것이다. 정신력의 한계가 협소하면 그의 행복을 위해 외부에서 아무리 노력해도, 그는 평범하고 반쯤은 동물적인 행복과 즐거움 이상을 넘어서지 못할 것이다. 그는 언제까지나 관능적인 향유, 단란하고 명랑한 가정생활, 저급한 사교나 저속한 소일거리에 의존한다.[37]

불이 꺼지면 불멍의 시간도 끝나고, 길이 끊어지면 산책도 끝납니다. 이 짧은 시간 동안 우리는 외부의 소음에서 벗어나서 삶의 본질을 바라보는 평화로움을 느끼고 최대한 간직해야 하죠. 하지만 그런 행복도 오래가지 않는다는 것을 우리는 잘 알고 있습니다. 좋았던 그 순간은 희미해지고 금세 현실의 욕망이 만들어낸 불안과 초조가 밀려오곤 합니다. 왜일까요? 우리는 지극히 평범하기에 동물적인 행복과 즐거움을 무시할 수는 없으니까요. 우리의 개성이 담을 수 있는 행복의 한도는 어느 정도 정해져 있기 때문입니다.

행복을 오래 담아둘 수 없는 이유

인간은 정신력의 한계에 비례해서 행복해질 수 있다고 쇼펜하우어는 이야기합니다. 같은 일을 겪고도 누구는 더 오래 행복해하고, 누구는 더 크게 고통스러워하는 것을 보면 알 수 있습니다. 또한 힘든 일을 겪고 누군가는 포기하지만, 누군가는 금방 회복해서 더 밝은 미래를 만들기 위해 노력하는 모습을 보이기도 합니다. 우리는 이를 '회복 탄력성'Resilience이라고 부릅니다.

회복탄력성이 좋은 사람들은 자기 효능감을 바탕으로 정서 조절 및 긍정적 정서를 유지하는 능력이 뛰어납니다. 고통 속에서도 의미를 찾고 고정된 생각에 매몰되지 않고 유연하게 사고하죠. 이렇게 고통을 지워내고 행복을 채우려는 의식적인 능력이 바로 회복탄력성인 것입니다.

아무리 힘든 무명 시절 속에도, 그 고통을 성공을 위한 과정이라고 생각해서 큰 성공을 거둔 연예인들, 이전에는 실패했지만 포기하지 않고 약점을 보완해 다음번에는 성공해 내는 사람들이 바로 이 회복탄력성이 좋은 사람들인 거죠. 아무리 힘들어도 포기하지 않고 끝까지 노력하는 사람들은 결국 깊고 단단한 자신만의 행복을 누리게 되는 것입니다.

행복에는 동기와 인내심이 필요하다

최근에 넷플릭스에 나온 드라마 '폭싹 속았수다'를 보셨거나 한 번쯤은 들어보셨을 겁니다. '폭싹 속았수다'는 제주도 사투리로 '정말 고생하셨습니다'라는 뜻입니다. 왜 갑자기 드라마 제목을 말하냐고요? 우리가 진정으로 행복하기 위해서는 정말로 고생과 노력이 필요하기 때문입니다.

얼마 전 이 드라마를 보면서 참 많이 울었습니다. 특히 애순의 엄마(염혜란님)의 연기 때문에 참 많이 울고 큰 감동을 받았죠. 캄캄한 바다에서 물질을 하면서 악착같이 자식을 키우는 모성

애. 산소통도 없이 저 깊고 검은 바닷속으로 들어가는 해녀들의 삶은 놀랍기도 하고 눈물샘을 자극하기에 충분했습니다.

제주도의 해녀들은 산소통 없이 깊은 바닷속으로 들어갑니다. 깊이 10~20미터 바닷속까지도 자유롭게 내려가, 전복이나 소라를 캐고 다시 수면 위로 올라옵니다. 그녀들도 처음부터 그렇게 깊이 들어가지 못했을 겁니다. 처음에는 얕은 물에서, 그다음에는 조금 더 깊은 곳에서… 훈련과 반복을 하고, 수많은 실패를 통해 깊이를 키워온 능력일 테죠.

그녀들에겐 그 바닷속으로 내려가야만 하는 이유가 있습니다. 그리고 그 바닷속으로 내려가도 두렵지 않도록 참아온 인내심이 있습니다. 이 동기와 인내심이 있기에, 물질이 끝나고 한숨을 돌리고 행복하게 자식들에게 돌아갈 수 있는 것입니다.

강력한 동기

강력한 동기와 인내심을 통해 정신력의 한계를 키울 수 있습니다. 지켜야 할 것이 명확하고 그것을 위해 고생한다면 그 능력은 자연스레 향상됩니다. 더 이상 관능적 향유와 저급한 사교에 의존하지 않고도 행복할 수 있는 것입니다.

그녀들이 깊은 물속으로 들어갈 수 있었던 건, 단순히 숨 참는 기술만 뛰어났기 때문이 아닙니다. 그녀들은 물에 들어가야 할 이유가 분명했습니다. 물속에서 전복 하나, 해삼 하나라도 더 건져 올려야만 하는지. 그 이유가 있었기에 숨이 차올라도, 가슴이 조여와도 다시 물속으로 몸을 던질 수 있었던 것입니다.

홀로 자식들을 키워야 하는 환경, 이것이 애순 엄마의 강력한 동기였습니다. 그래서 매일 바다로 나갈 수밖에 없었습니다. 가족의 생계, 자식들의 미래, 그리고 당장 오늘 저녁의 밥 한 끼. 이러한 이유가 분명했기에 칠흑 같은 어둠과 차가움을 견딜 수 있었을 것입니다. 물질을 할 수밖에 없는 이유가 그들을 용감하게 만들었고 강력한 동기를 만들어낸 것이죠.

우리도 같습니다. 막연히 '행복하고 싶다'는 생각만으로는 결코 깊은 행복에 닿을 수 없습니다. '내가 왜 행복해야 하는지', '지금, 이 삶에서 왜 반드시 행복을 찾아야 하는지' 이 질문에 대한 대답이 분명해야 합니다.

사랑하는 사람을 위해서,

내가 더 이상 무너지지 않기 위해서,

지금 이 고통을 견뎌내기 위해서,

앞으로 살아갈 힘을 만들기 위해서. 등등

그 이유가 명확해야 합니다.

그렇지 않으면 조금만 힘들어도 우리는 다시 수면 위로 올라와 버리고 말 테니까요.

인내심

행복의 동기가 생겼다면, 이제 남은 건 버티는 힘입니다. 바로 인내심이죠. 해녀들도 강력한 동기만으로 바다에 뛰어들 수는 없습니다. 동기와 비례하는 폐활량과 물질 실력이 있어야 합니다.

그녀들이 깊은 곳까지 내려가는 힘은 매일 같이 물속에 내려가고, 수없이 숨이 차오르는 순간들을 견뎌낸 결과입니다. 처음엔 숨도 차고 몸도 마음대로 움직이지 않았을 것입니다. 하지만 처음에는 얕은 곳에서 시작해, 점차 더 깊은 곳으로 내려가며 훈련했을 것입니다. 이렇게 우리의 행복도 '행복을 오래 머무르게 하는 근육', 즉 인내심을 통해 조금씩 길러집니다.

인내심은 타고나는 것이 아닙니다. 조금 더 견뎌본 사람만이 키울 수 있는 후천적인 능력입니다. 우리는 종종 너무 쉽게 포기하곤 합니다. 조금 지치면 '이건 나랑 안 맞아'라고 생각하고, 조금 힘들면 '내 성격상 이건 못해'라고 단정 짓기도 합니다.

해녀들도 첫날부터 깊은 곳까지 가지 못했습니다. 수많은 실패와 물을 먹는 경험, 차가운 바닷물에 몸이 얼어붙는 순간들을 견디면서 조금씩 더 오래, 더 깊게 들어가는 힘을 키워왔습니다.

한 번 웃었다고 하루가 행복해지지 않습니다. 한 번 긍정적으로 생각했다고 인생이 달라지지 않습니다. 오늘 하루 한다고 전문가가 될 수 없습니다. 매일 반복되는 노력 속에서, 때로는 실패하고 물에 빠진 것처럼 허우적거리면서도 포기하지 않고 다시 내려가야 합니다. 내가 왜 행복해야 하는지를 잊지 않고, 그 이유 하나로 버티는 날들이 모여야 비로소 더 깊고 오래 머무는 행복을 건져 올릴 수 있는 것입니다. 이게 바로 바람직한 '고생'이고요.

이렇게 인내심을 키우는 방법은 의외로 단순합니다. 바로 '조금만 더 버텨보기'입니다.

오늘 1분만 더 달려보기.

오늘 5분만 더 집중해 보기.

오늘 한 번만 더 웃어보기.

오늘 하루만 더 긍정적으로 버텨보기.

힘들 땐 딱 하나만 더 하고 쉬기.

이 '조금만 더'의 누적이 결국 큰 차이를 만듭니다. 회복탄력성도 그렇게 커지는 것입니다.

심리학에서는 회복탄력성Resilience 이 높은 사람일수록 스트레스를 빨리 이겨내고, 감정을 더 잘 조절하며, 행복감이 오래 유지된다고 말합니다. 그리고 그 회복탄력성을 높이는 가장 좋은 방법이 바로 '버틴 날의 경험을 쌓는 것'입니다.

힘들었지만 견뎌낸 하루,

하기 싫었지만 끝낸 일,

울컥했지만 차분히 넘긴 순간.

이런 하루하루가 모여서 '나는 잘 참는 사람이다', '나는 강한 사람이다'라는 새로운 자아를 만듭니다. 이 새로운 자아가 마음속에 새겨져 인내심이 되는 것입니다. 그렇게 고생하는 하루가 내일의 더 깊은 행복을 담을 그릇을 만들고 있는 것이죠.

물질을 하는 동기가 명확할수록, 폐활량이 좋을수록 손이 닿지 않는 저 깊은 곳의 해산물을 얻을 수 있듯이, 행복의 동기가 크고, 인내심이 좋을수록 남들이 느끼지 못하는 깊은 행복을 느낄 수 있습니다. 자녀들을 위해 정말 고생 많았던 애순의 엄마와 애순 그리고 관식이 등등. 그들이 폭싹 속았기에 그들의 자녀들과 행복하게 살 수 있었던 것이죠. 동기가 명확하고 그만큼 노력을 했으니까요.

여러분의 인생도 강력한 동기와 인내심으로 폭싹 속는 하루로 만드셨으면 좋겠습니다. 오늘은 조금 힘들지 몰라도 그 고생이 내일을 위한 폐활량을 만들고, 나만이 찾을 수 있는 깊은 행복을 얻게 할 테니까요. 물론 쉽지 않을 겁니다. 하지만 행복해야 할 이유가 명확하고 이를 위해 노력하고 참아내는 사람에게는 반드시 행복은 찾아옵니다.

그리고 그 행복은 그 무엇보다도 값지고, 이 세상 그 무엇과도 바꿀 수 없는 최고의 행복일 겁니다. 그런 깊은 행복이 함께하는 인생이 되셨으면 좋겠습니다.

넓은 행복보다 깊은 행복이 더 좋으니까요.

이번 장에서는 행복을 깊게 느낄 수 있는 방법에 대해서 알아봤습니다. 이어서 당장 실천할 수 있는 행복의 말뚝을 만드는 7가지 방법에 대해서 알아보도록 하겠습니다.

행복을 찾는 방법 20

'인내하고 노력해야 더 깊은 행복을 얻을 수 있다.'

참 좋은 행복을 얻기 위한 두 가지 질문.
왜 행복해야 하는가?
그리고
무엇을 인내할 수 있는가?
이 질문에 대한 답이 분명할수록
당신의 행복은 더 깊고 단단해진다.

4장

7가지 행복의 말뚝

쇼펜하우어는 말합니다. 행복의 총량은 정해져 있다고.

그래서 더 많이 갖고, 더 높이 올라가려 애쓰기보다 지금, 이 순간, 내 삶 안에 이미 있는 행복을 더 '깊게' 느끼는 것. 그것이 우리가 할 수 있는 가장 현실적인 행복의 방법입니다.

위로만 쌓아 올리는 것이 성공이라고 생각하는 시대입니다. 하지만 정해진 행복의 총량 속에서 느낄 수 있는 행복을 느끼기 위해서는 밑으로, 더 깊이 내려가야 합니다. 내가 가진 것과 가질 것들의 유한함을 알고, 이 총량 속에서 최대한의 행복을 찾아야 합니다.

허황된 행복을 위로 쌓는 게 아니라 깊이 있게 내려야 하고, 지금 내 주변에 사랑하는 사람들과 함께 지내며 건전한 희생을 하면서 살아가야 합니다. 좋은 태도를 가지고 나만이 만들 수 있는 창조를 하며 살면 좋겠죠. 그렇게 깊고 짙은 인생을 살다 보면 허황한 성공이 아니라 저 밑에 있는 깊은, 내면의 행복을 느끼게 되는 것입니다.

공중누각 같은 행복만을 좇으며 고통스럽지 않으려면, 진정 나만의 행복을 얻으려면, 나만의 방식으로 행복의 말뚝을 만들어야 합니다. 이번 장에서는 나만의 방식으로 행복의 말뚝을 만드는 7가지 방법을 소개합니다.

더 좋은 방법이 있을 수도 있습니다. 여러분께서도 그 방법을 찾는 시간이 되었으면 좋겠습니다. 자신만의 행복을 깊게 새길 수 있는 방법은 자신이 제일 잘 알 테니까요. 그 방법은 찾으려고 노력하는 사람만이 찾을 수 있으니까요.

너무 큰 기대를 하지 말자

죽음이란 우리에게 완전히 새롭고 낯선 상태로 넘어가는 것으로 볼 것이 아니라, 오히려 원래 우리에게 고유한 상태로 되돌아가는 것으로 볼 수 있다. 그런 원래적 상태에 비하면 우리 인생은 하나의 짧은 에피소드에 불과하다.[38]

"내겐 이런 것들이 스쳐갔다. 보이스카우트 때 잔디에 누워 바라보았던 별똥별, 집 앞 도로에 늘어선 노란빛의 단풍잎, 할머니의 손과 살결, 사촌 토니의 신형 화이어버드를 처음 구경했던 순간. 그리고 딸 제인. 내게 일어난 일들에 대해 화를 낼 수도 있겠지만 분노를 품어선 안 된다. 세상엔 아름다움이 넘치니까. 가끔은 그 아름다움이 한꺼번에 느껴지곤 하는데, 마음을 가라앉히고 집착을 버려야 한다는 걸 깨닫게 되면 오직 감사의 마음만이 남는다. 멍청하게 살아온 내 인생에 모든 순간에 대해"
〈영화 American Beauty 中〉

72회 아카데미 시상식에서 최우수 작품상, 최우수 감독상 등 5개 부분을 수상한 'American Beauty'라는 영화가 있습니다. 평범한 듯 보이는 미국 중산층의 가정생활을 보여 주죠. 이 가정은 평화로울 것 같지만, 남편과 아내 그리고 딸은 각자의 욕망 때문에 잠시 위기를 겪습니다. 남편(레스터)은 딸의 친구에게 호감을 갖고, 부동산을 하는 아내(캐릴린)는 잘나가는 부동산 중개업자와 바람을 피우죠. 딸(제인)은 자신의 친구에게 호감을 갖는 아버지가 죽었으면 좋겠다고 생각하고 집을 나가려고 합니다. 각자의 의지가 만들어낸 허황한 감정과 행동이 서로에게 악영향을 주며 고통스러운 가정을 그려냅니다.

하지만 흔들리는 것은 잠시, 제자리에 돌아올 것들은 결국 제자리로 돌아오는 법이죠. 마찬가지로 마음을 가라앉히면 감정 또한 제자리로 돌아오는 법입니다. 그리고 행복이 멀리 있지 않다는 것을 깨닫게 됩니다. 하지만 레스터는 이를 너무 늦게 깨달아 버립니다. 이웃집 남자(프랭크)에게 총살을 당하기 바로 전에 깨닫고 말죠. 그 누구보다 강한 모습을 보이던 해병대 출신 프랭크는 동성애적 욕망을 숨기고 살았습니다. 그는 레스터가 동성애자인 줄 알고 욕망을 표현하지만 거절당하죠. 이에 수치심을 느끼고는 레스터를 총으로 쏘고 맙니다. 총성이 울려 퍼진 순간, 레스터는 인생의 행복했던 에피소드를 떠올립니다.

그가 기억하는 에피소드들은 특별하게 쌓아 올린 행복들이 아닙니다. 특별하지는 않지만, 그냥 좋았던 인생의 기억들이 떠오릅니다. 별똥별, 단풍잎, 할머니의 손길 같은 특별하지는 않지만 참 소소한 것들 말이죠.

원래 없었고, 원래대로 없어진다

쇼펜하우어는 우리가 이렇게 열심히 살아가고 있는 인생을 두고 '에피소드'에 불과하다고 이야기합니다. 에피소드$_{episode}$의 접두사인 epi-는 '덧붙여서'라는 뜻이 있죠. 거대한 우주 속에 우리 인생은 잠시 덧붙여서 살다가 끝나는 것이라고 볼 수 있습니다. 아무것도 없던 '무위'의 세계에서 나라는 사람과 나의 소유물은 잠시 '덧붙여' 존재하다가 다시 원래의 무위로 돌아가는 것입니다. 이 사실은 아무리 노력해도 거스를 수 없는 것이고요.

　물과 공기의 순간적인 반응으로 우연히 거품이 생겨납니다. 그리고 거품이 흐르다 보면 또 우연히 사라지기도 하죠. 인생을 멀리서 바라보면 우리의 인생도 이 거품과 비슷하고, 우리의 소유물 또한 이 거품과 비슷합니다. 이 거품이 어떻게 만들어졌는지 구체적으로 설명하긴 어렵습니다. 하지만 어쨌든 생겨났고, 수면 위를 흐르면서 강과 바다로 흘러가고, 어느 순간 적절한 시기가 되면 터져버립니다. 그리고 어떤 거품은 금세 터져버리고, 어떤 거품은 꽤 오래가기도 합니다. 거기에 몇 방울의 화학물질과 아이들의 '호'하고 부는 바람이 더해지면 어떤 거품은 다른 거품보다 더 크고 하늘을 둥둥 떠다니는 거품이 되기도 합니다.

　그리고, 결국은 터집니다. 아무리 안 터지려고 애를 써도 결국 터집니다. 왜냐하면 원래 거품은 없었으니까요. 움직임에도 관성이 있지만 가만히 있는 것도 관성이 있으니까요. '무無'에도 관성이 있어서 우리는 결국 '무無'의 상태로 돌아가는 것이죠. 이 세상에서 가장 오래되고 거스를 수 없는 관성은 '무위無爲'니까요.

소유하고 있던 세계가 사라지더라도 한탄하지 말라. 원래가 세계는 무다. 세계를 소유하게 되더라도 기뻐하지 말라. 원래가 세계는 무다. 괴로움도 기쁨도 흘러가는 것. 그렇게 세계에 구애되지 말라. 원래가 세계는 무다.[39]

'무'가 '유'를 집착하면

이렇게 원래 세계는 '무'이지만, 우리는 '유(有)'를 위해 살아갑니다. 물질을 가지려고, 사람을 가지려고, 그리고 더 좋은 물질과 사랑을 가지려고 계속 집착합니다.

집착이 고통스러운 이유입니다. 관성적으로 '무'여야 하는 존재들의 어깨에 자꾸 '유'를 얹히다 보니 관성에 어긋나는 행동을 하는 것이죠. 언제 터질지 모르는 거품 같은 인생인데 색은 탁해지고 거품은 무거워집니다. 그렇게 본래의 모습과 다른 색을 가지고 무겁게 흐르려다 보니 인생이 고통스러워지곤 합니다.

원래는 없어도 이 세상은 잘 흘러가기 마련이었는데, 우연히 생긴 거품들이 너무 많은 것을 가지려다 보니 고통스러워집니다. 톡 하고 찌르면 터질 수 있는 거품들 위에 너무 많은 것을 올려두려다 보니 고통스러워집니다. 물이 흘러가는 대로 흘러가야 하는데 이를 역행하려다 보니 고통스러워집니다. 이렇게 '유'에 대한 집착은 우리를 고통스럽게 합니다.

'무'의 세계는 고요하고 자연스러운 흐름이지만 '유'에 대한 집착은 인위적인 파동을 만들어냅니다. 이 파동이 거품에는 위기가 되어, 우리를 고통스럽게 하는 것이죠.

에피소드라고 생각하기

에피소드란, 독립적이면서도 전체 내러티브에 기여하는 영화 속의 사건 단위를 말합니다. 개별 사건이 하나의 주제 혹은 감정을 표현하고, 연속된 에피소드들이 모여 인물의 변화와 영화의 흐름을 만들어내죠. 이 에피소드 안에 너무 많은 것을 담으려고 하면 안 됩니다. 에피소드는 심플하고, 일정한 흐름으로 흘러야 관객들이 집중할 수 있습니다. 산만하거나 너무 많은 것을 이야기하려다 보면 주의력이 흐트러지죠.

하나의 에피소드 같은 우리 삶도 마찬가지입니다. 너무 많은 것을 담으려고 하면 안 됩니다. 심플하고 일정한 흐름으로 흘러가야 합니다. 거품이 역행하려다 보면 물살을 이기지 못하고 터져버리고, 이물질이 많이 끼면 거품이 아니라 찌꺼기가 되기도 하니까요.

흘러가는 인생에 너무 큰 기대를 하지 않으셨으면 좋겠습니다. 결국 '무'로 가는 과정입니다. 이 과정에서 좋은 사람들과 좋은 감정을 나누며 잘 흘러가는 것만으로도 충분히 좋은 에피소드로 채울 수 있습니다. 우연히 거품 위에 다른 거품이 올려져 있다고 하면 다행인 것입니다. 그리고 이 또한 언제 터질지 모른다는 생각으로 살아야 합니다. 원래 없었던 것이니까요.

우리가 없어도 이 세상은 잘 돌아갈 수 있었습니다. 하지만 우연히 얻은 인생이란 기회에서 우리는 너무 많은 것들을 원하곤 합니다. 원래 없었던 것들이 너무 많은 것을 원하기에 고통스러워지는 것일지도 모릅니다.

그러니, 인생에 너무 큰 기대 대신 운 좋게 얻은 기회라고 생각하고 하루하루 잘 흘러가도 됩니다. 너무 과도하고 극단적이지 않게, 내가 놓인 강물의 흐름 속에서 유유히 흘러가면 됩니다. 그 유유한 흐름이 인생에 내가 존재하는 이유일지도 모르니까요.

거품은 거품끼리 잘 달라붙는 특성이 있습니다. 그리고 거품끼리 같이 붙어있어야 터지지 않고 오래 살아남기도 하죠.

거품끼리 오래도록 붙어있게 하는 힘은 바로 사랑이고요. 이어서 이 사랑에 관해 이야기해 보겠습니다.

행복을 찾는 방법 21

'너무 큰 기대를 하지 말자. 잘 흘러가는 것만으로도 충분히 행복하다.'

인생에 너무 많은 것을 바라지 말자.
잘 흘러가고 있는 것만으로도
충분히 괜찮은 게 인생이니까.
사실, 우리는 원래 없었고,
다시 없어지는 과정 속에 있는 거니까.

2
고슴도치처럼
사랑하기

어느 추운 겨울날, 고슴도치들은 얼어 죽지 않기 위해 서로 바싹 달라붙어 한 덩어리가 되어 있었다. 그러나 그들은 곧 그들의 가시가 서로를 찌르는 것을 느꼈다. 그리하여 그들은 다시 떨어졌다. 그러자 그들은 추위에 견딜 수 없어 다시 한 덩어리가 되었다. 그러자 가시가 서로를 찔러 그들은 다시 떨어졌다. 이처럼 그들은 두 악惡 사이를 오갔다. 그리하여 마침내 그들은 상대방의 가시를 견딜 수 있는 적당한 거리를 발견했다.[40]

모든 영화에서 사랑은 빠지지 않는 중요한 에피소드 중 하나이지만, 아쉽게도 영화 같은 사랑을 현실에서 찾아보긴 어렵습니다. 그래서 그럴까요. 쇼펜하우어에게도 사랑은 크게 아름답지 않은 주제였던 것 같습니다. 어린 나이에 겪은 아버지의 죽음, 혼자가 된 어머니의 무분별한 사교활동을 보고 자란 그에게 사랑은 아름답지만은 않았습니다. 사랑을 두고 종족 번식을 위해 일시적으로 감정을 속이는 것이라고 표현하기도 했으니까요. 이런 생각 때문에, 그는 사랑에 대해 호의롭지 않았습니다. 그래서 그가 책에서 말하는 사랑의 모습은 고통스럽습니다.

> 연애 감정을 일으키는 데 가장 중요한 것은 건강하고, 정력적이고, 아름다우며, 서로 젊어야 한다는 것이다. 이는 종족 보존을 위한 본능으로, 종족의 의지가 개인의 살려는 의지를 앞선다.[41]

그에게 연애와 결혼의 일련의 과정은 종족 번식의 의지를 실현하기 위한 절차에 불과했습니다. 출산율이 최저 수준인 대한민국 사회에서 전적으로 이해하기 어려운 생각이긴 합니다. 하지만 사랑을 경험해 본 사람이라면 알 법한 경험이 있죠.

마음에 드는 사람을 만나게 되면 자연스럽게 이어지는 상상이 있습니다. 결혼하고 아이를 낳아 키우는 상상. 물론 그 현실을 경험하게 되면 생각만큼 아름답지 않지만, 그 시절엔 사랑하는 사람과 아이를 낳고 사는 상상은 참 좋은 상상이자 삶의 원동력입니다. 나라는 인간은 언젠가 죽지만, 나의 생을 이어 나갈 자녀를 내가 가장 사랑하는 사람과 함께 만들고 키운다는 느낌은 참 좋으니까요. 어떤 행위로도 채울 수 없는 신성한 즐거움이니까요.

어떻게 이렇게 다른 사람을 사랑했을까?

아름다운 상상이 아름다운 현실이 되지만은 않습니다. 가끔 우리는 곁에 있는 누군가를 보면서 이런 생각을 하기도 하죠. '어떻게 이렇게 하나도 맞지 않는데 사랑을 했을까?', '배우자는 정말 로또 같아… 하나도 안 맞아'라고요. 종족 번식의 본능이 상대방 고슴도치가 멋져 보이게 했지만, 몇 번 가시에 찔리고 나니 너무나도 다른 모습의 상대방을 느끼게 되는 것이죠. 이제서야.

그 감정을 그제야 느끼기에 인류가 유지되는지도 모르겠습니다. 이 사실을 너무 빨리 알아버린다면 혼인 및 출산율이 더 떨어질 테니까요. 딱 어느 정도가 되면 알아차리게끔 우리의 뇌와 환경이 세팅되어 있는 것이죠.

종족 번식, 이 본능적인 상상은 어떻게 이렇게 다른 사람을 사랑하게 한 것일까요? 내가 갖지 못한 더 좋은 것을 자녀에게 주고자 하는 욕망 때문이죠. 죽음이 두려운 우리에게, 내가 죽어도 분신이 되어줄 것 같고, 가장 오랫동안 우리를 기억해 줄 사람. 바로 자녀에게 최대한 좋은 것을 주고 싶으니까요. 우리는 자신이 가지고 있는 기질과 성향이 완전하지 않다는 사실을 압니다. 내가 갖지 못한 더 좋은 모습이 있다는 것을 본능적으로 알고 있죠. 이 반쪽자리 완전함을 소중한 자녀에게 물려주고 싶지는 않습니다. 그 절반을 채워서 자녀에게 물려주고 싶죠. 그 '채움'이 바로 상대방입니다. 배우자가 나와 다른 기질을 가질수록 자녀에게 더 다양한 것을 물려줄 수 있다는 뜻입니다. 똑같은 부분이 없을수록 더 많은 것을 물려줄 수 있는 것이죠. 이 욕망이 나와 다른 사람을 사랑하게 하는 것입니다. 이 욕망이 로또 같은 배우자를 만나게 하는 것입니다.

뇌과학적으로 이 욕망의 유효기간은 보통 3년 정도라고 합니다. 3년이 지나면 더 이상 분비되지 않는 사랑 호르몬은 과거의 그 감정이 종족 번식의 속임수였다는 것을 알게 하죠. 그동안 그럭저럭 참을만했지만, 언제부턴가 상대방의 가시가 느껴지고 아파지기 시작합니다. 그렇게 고슴도치들의 사랑은 고통이 되기도 합니다.

가시를 알아야 한다

대한민국 남자들이 참 싫어하는 연예인들이 있습니다. 과거에는 최수종 씨로 시작했다가 최근에는 션이나 진태현 씨처럼 와이프를 공주처럼 떠받들고 살며 이벤트도 열심히 하는 사람들이죠. 여성분들에게는 부러움의 대상이지만 남자들에게는 넘지 못할 산으로 느껴지기도 합니다.

그런 부부들을 보면 특징이 있습니다. 서로 적당한 거리를 잘 유지합니다. 가시에 찔리지 않도록, 그리고 너무 춥지 않도록 말이죠. 남편의 사랑을 받으며 책까지 냈었던 하희라 씨지만, 한 인터뷰에서 최수종 씨는 과거에 하희라 씨가 요리를 못했다고 말한 적이 있습니다. 하지만 하희라 씨가 3층 밥을 짓든, 간장을 하나 놓고 밥을 주든 항상 감사하면서 먹었다고 합니다. 하희라 씨가 주는 것 자체가 감사했고, 덧붙여 칭찬했더니 하희라 씨도 요리를 연구하면서 더 나은 요리를 만들기 시작했다고 합니다. 그러다 보니 하희라 씨는 요리를 잘하게 되었고, 요리책을 내기까지 했습니다.

최수종 씨는 자신의 가시로 상대방을 찌르지 않았습니다.

그리고 상대방의 약점이 무엇인지 알고, 그 약점을 가시로 찌르지 않기 위해 노력한 것이죠. 그렇게 적절한 거리에서 서로를 위해 살다 보니 춥지도 아프지도 않은 좋은 관계를 유지하며 살아가면 꽤 좋은 배우자가 될 수 있었습니다.

저 멀리 연예인이 아니어도 주위에 나이가 들어도 잘 지내시는 부부들이 많습니다. 갈등이 없어 보이고 행복해 보입니다. 하지만 그들도 우리처럼 고슴도치 같은 사람입니다. 왜 갈등의 포인트가 없을까요. 하지만 그들의 사랑에는 '따듯한 간격'이 있습니다. 평소에는 서로를 존중하는 여유로운 간격이 존재하고, 위기가 다가왔을 때는 생존을 위해 밀접한 간격이 존재합니다. 이 간격을 오래도록 유지하면서 가시에 찔리지도, 추위에 떨지도 않게 건강한 고슴도치로 이 세상을 살아가고 있습니다.

LOVE IS NOT FREE

사랑은 전쟁의 원인이 되기도 하는가 하면, 평화의 목적이 되고, 진실의 기반이 되는 동시에 농담의 대상이 된다. 무궁무진한 지혜의 원천이자, 온갖 수수께끼를 푸는 열쇠이기도 하다.[42]

'FREEDOM IS NOT FREE'

워싱턴 D.C 한국전쟁 참전기념 공원 비석에 새겨져 있는 글입니다. 지금은 당연하게 여겨지는 자유지만 수십 년 전, 수많은 사람들은 이 자유를 찾기 위해 엄청난 대가를 치렀습니다. 이를 오래도록 기억하기 위해 세워진 비석의 글입니다. 이와 마찬가지로 'LOVE IS NOT FREE'입니다. 사랑도 절대 공짜가 아닙니다. 참전용사들의 피와 땀으로 자유를 얻은 것처럼, 사랑을 위해서도 피와 땀이 필요합니다.

국가의 자유를 지키기 위해서는 강력한 국방력이 필요합니다. 국방력을 키우는 것의 시작은 평소 관심에서부터 시작하죠. 큰 위기가 아닐수록 관심을 갖고 보아야 국방력을 키우기 위해 개선할 것들이 생겨나니까요. 평화롭다고 전쟁을 준비하지 않는 것이 침략과 자유의 박탈로 이어지는 것을 우리는 역사 속에서 경험했습니다. 아무리 평화롭더라도 지속적인 관심과 노력을 통해서 힘을 키워야 하는 이유죠. 사랑만으로도 너무 행복한 시절이라도 우리는 다가올 고통을 준비해야 합니다. 율곡 이이 선생의 십만양병설+萬養兵說까지는 아니더라도 가시에 찔리거나 추워질 고통을 대비하기 위해 준비를 해야 합니다.

내 가시를 알아야 한다

내 가시가 어떻게 생겼는지 잘 알아야 합니다. 콩깍지가 벗겨진 우리는 종종 자신도 모르게 상대방을 찌르는 경우가 있습니다. 내 가시가 어떻게 생긴지도 모르고 의도적이지 않게 찌르기도 하죠.

현명한 사람은 고독한 상태에서 자기를 직면할 때 자신의 진짜 모습을 제대로 들여다볼 수 있다.[43]

나의 가시는 나 혼자 있을 때 볼 수 있습니다. 같이 있을 때는 상대방의 가시만 보이기 마련이니까요. 사랑을 시작하면 뭐든지 함께 해야 한다고 생각하기 쉽습니다. 그리고 함께하는 것에 익숙해지다 보니 고독을 견디지 못하곤 합니다. 요즘엔 스마트폰 때문에 혼자 있어도 자신만의 고독을 느끼지 못하는 경우도 많고요. 내가 무엇을 좋아하고 무엇을 싫어하는지, 내 가시가 어떻게 생겼는지 혼자 있는 시간을 통해서 알아내야 합니다. 그리고 상대방과 이야기해야 합니다. 그래야 내가 의도치 않게 상대방을 아프게 하는 것을 방지할 수 있으니까요.

내 가시를 알았으면 상대방의 가시도 어떻게 생겼는지 보아야 합니다. 이미 같이 살아봐서 잘 안다고 착각할 수도 있지만 그야말로 착각에 불과합니다. 상대방의 가시는 항상 같은 모습을 하고 있지 않습니다. 변하기도 하고, 없던 가시가 생기기도 하니까요.

불쌍히 봐야 한다

동정심은 교육이나, 종교, 신화 등에 의한 것이 아니라 인간 내면에 존재하는 근원적인 특성이다. 그렇기에 그 마음은 어떤 상황에서도 힘을 잃지 않고, 어느 나라 어느 시대에서도 등장한다. 결코 이국의 신들에게서만 찾을 수 있는 것이 아니다.[44]

동정심을 가지고 상대방을 바라봐야 합니다. 내가 사랑하는 사람의 처지를 안타깝게 여겨야 합니다. 우리는 근원적으로 모두 동정심을 가지고 있다고 쇼펜하우어는 말합니다. 신뿐만 아니라 인간들도 가지고 있는 참 좋은 능력이죠.

동정심을 가지고 상대방을 바라보면 상대방의 가시가 보입니다. 특히, 내가 보듬어줘야 할 상처 난 가시가 보이죠. 그 사람이 절대 포기하지 못하는 튼튼한 가시도 보이고요. 이 가시들과 어떤 간격을 두어야 할지도 자연스레 알게 됩니다. 동정심을 가지고 바라보면요.

어머니들은 갓 태어난 아기를 동정심을 가지고 바라봅니다. 그러니 말하지 않고 울기만 해도 배가 고픈지, 졸린지, 기저귀를 갈아줘야 하는지 알 수 있습니다. 동정심을 가지고 바라보아야 힘들어하는 상대방의 마음을 이해할 수 있습니다. 힘든 하루를 보낸 친구들에게 어떤 조언이 필요한지도 알 수 있습니다. '영혼 있는' 조언을 할 수 있는 것이죠. 그냥 대충 보아서는 알지 못합니다. 동정심을 가지고 보아야만 보이는 것들이 있으니까요.

아무리 고슴도치처럼 못생기고 가시가 많지만 그래도 추울 때는 그 누구보다 필요한 그 사람을 위해 관심과 동정심의 눈으로 사랑을 이어가시기 바랍니다. 혼자 이 세상을 둥둥 떠다니는 것보다는 누군가와 붙어서 흘러가는 것이 덜 외롭고 재밌을 테니까요. 이 에피소드 같은 인생에서 좋은 사랑이 함께한다는 건, 더 재미있는 에피소드가 될 테니까요.

이렇게 좋은 사랑을 위해서 필요한 것이 있죠. 바로 희생입니다. 그런데 간혹 사랑과 희생을 동일시하는 사람들이 있습니다. 사랑에 희생이 따르지만, 그 희생이 사랑의 전부라고 생각하기도 하니까요. 하지만 희생은 결국 나의 가시를 뽑거나 찔리는 일이기에 마냥 행복하지만은 않습니다. 좋은 사랑을 위해서는 현명한 희생이 필요한 이유죠. 이어서 현명한 희생에 관해 이야기해 보겠습니다.

행복을 찾는 방법 22

'행복한 사랑은 간격을 지킬 줄 안다.'

사랑이 고통스럽지 않으려면
적절한 거리에서 동정심을 가지고
서로를 바라보아야 한다.
내가 무엇으로 그를 찌르는지,
그는 무엇으로 나를 찌르는지.
이를 알아야 덜 아프고 오래가는 사랑을 할 수 있다.
더 행복할 수 있다.

3
좋은 희생

결혼하면 개인의 이익이든 종족의 이익이든 둘 중 하나의 희생은 불가피하다. 현실적인 계산과 정열적인 애정이 함께 성립된 결혼이란 좀처럼 찾아볼 수 없는 행운이라 할 수 있다.[45]

고슴도치끼리의 사랑이기에 희생은 필수적입니다. 추위를 피해 함께 붙어있으려면 상대방의 가시가 나를 찌르곤 하니까요. 가시가 찌른다고 '아! 아파!'하고 소리 지르며 내칠 것이 아니라 어느 정도 견뎌야지 온기를 나눌 수 있으니까요. 이 따끔함을 견디지 못하면 춥고 고통스러운 인생만이 기다립니다. 사랑에 있어서 희생한다는 것은 외롭지 않기 위해 내 고통을 감내하는 일이니까요.

하지만 사랑을 위해 희생은 필요하지만, 마냥 쉽지만은 않습니다. 희생을 위한 전제조건은 타인을 위한 동정심이니까요. 이 동정심은 누구나 마음속에 가지고 있지만 누구나 마음 밖으로 꺼내기는 어렵거든요. 그리고 희생의 방법 또한 제각각이라서 나의 희생이 타인에겐 희생이 아닐 수도 있으니까요.

> 인간의 모든 행위는 세 가지 근본 원천에서 비롯된다. 첫째는 자신의 이익을 원하는 이기심, 둘째는 타인의 손해를 바라는 잔인한 악의, 셋째는 타인의 행복을 원하는 동정심이다. 동정심은 고귀하고 관대한 덕성으로 발전할 수 있다. 인간의 모든 행위는 이 세 가지 원천의 하나 혹은 둘에서 비롯된다.[46]

희생은 동정심에서 비롯되고, 동정심은 고귀하고 관대한 덕성으로 발전시켜야 하는 것이기에 쉬운 일이 아닙니다. 타인의 행복을 위해 나 자신이 관대해져야 하니까요. 우리는 생각보다 이기적이어서 관대함은 종종 이기심에 자리를 내어주곤 하니까요.

100% 희생은 없다

하지만 쇼펜하우어의 말처럼 인간의 행위를 이루는 3가지 중 첫째 가는 이기심을 부정하고 희생만 하는 것은 위험합니다. 우리는 생각보다 고귀하지 않고 덕이 넘치지 않으니까요. 고통받지 않는 선에서 희생이 필요합니다. 내 인생의 고통도 가볍지 않은데 희생으로 인한 타인의 고통까지 다 지고 살아가기는 쉽지 않으니까요. 내가 살 수 있을 정도의 희생을 하며 살아가야 합니다.

과도한 희생 때문에 자기 자신을 잃어가는 사람들이 있습니다. 사랑을 희생이라고 착각한 나머지 고통스러움에도 불구하고 모두 내어주는 것이죠. 자신을 챙기지 않고 자녀들을 위해서만 희생하다가 자녀들이 떠나자 허탈해지는 부모님. 배우자의 성공을 위해서 본인까지 희생하다가 배우자가 성공하지 못하니 사랑도 명예도 사라져 버리는 사람들이 있죠. 이렇게 과도한 희생은 결국 어떠한 형태로든 고통스러워질 것입니다. 그래서 나를 무너뜨리지 않는 현명한 희생이 필요합니다.

얼마나 희생해야 고통스럽지 않은 적당한 희생을 할 수 있을까요? 나를 얼마나 지켜야 상처받지 않고 타인과 사랑을 이어 나갈 수 있을까요?

모든 것은 나에게 달려있습니다. 타인의 가시를 건디는 힘은 나의 정신력과 체력에 따라 달라집니다. 항상 같은 희생을 하면서 살 수는 없는 것이죠. 그리고 희생의 정도도 절대적이지 않습니다. 나와 피희생자의 상태에 따라 달라져야 합니다.

희생 조절력이 필요하다

자녀들이 태어나면 부모의 육체적 희생 비율은 거의 100%에 가깝습니다. 본인을 위해서 살지 못하고 대부분의 시간을 자녀를 위해서 살게 됩니다. 그러다가 자녀들이 걷기 시작하고 말을 하기 시작하고, 혼자서도 놀기 시작하면 희생의 비율은 점점 줄어들죠. 그리고 자녀들이 커가면서는 육체적 희생 비율은 적어지고 정신적 희생 비율이 점차 늘어나게 됩니다. 이는 자녀들의 사춘기에 극한이 되었다가 점차 안정되죠. 이렇게 희생의 비율은 희생 대상의 상태에 따라 올라가기도 내려가기도 합니다.

하지만, 이 희생 비율을 지적으로 조절하지 못하면 문제가 생깁니다. 본인뿐 아니라 상대방에게도 문제가 생기죠. 쉴 틈 없는 과도한 희생은 본인의 번아웃과 자존감 상실을 만듭니다. 결국 밑동밖에 남지 않은 아낌없이 주는 나무가 될지도 모릅니다. 또한 희생에 익숙해진 상대방과 관계의 불평등을 만들어냅니다. 희생을 당연시하고 보여줬던 희생의 기대치와 조금이라도 다르면 감정적인 문제가 생길 수도 있으니까요. 상대방도 받는 것에 익숙해지다 보면 혼자서는 아무것도 못 하는 사람이 될 수도 있습니다.

나의 상태가 얼마만큼의 희생을 줄 수 있는지, 상대방은 내 희생에 어떻게 반응하는지를 살펴보아야 합니다. 이렇게 지적으로 나의 희생 비율을 조절해야 합니다. 내가 고통스럽지 않고, 상대방이 의존적으로 변하지 않는, 나도 좋고 상대방도 좋은 희생을 해야 합니다.

명확한 희생의 목적이 필요하다

희생의 목적을 분명히 할 필요가 있습니다. 희생은 '나'를 이루는 세 가지 중 하나인 '동정심'이 행동으로 발현되는 것입니다. 즉 희생은 타인을 위한 것이 아니라 '나'를 만들어 가는 과정인 것입니다. 이 행위를 통해 나의 동정심이 채워지고 이 동정심을 통해서 내가 원하는 모습의 내가 되는 것입니다.

'남들은 이 정도 희생하는데', '다른 집에서는 이런 것까지 한다는데…' 이렇게 희생을 비교하며 무분별한 희생으로 고통스러워하시는 분들이 있습니다. 희생을 비교하며 자신을 타인의 모습과 동일시하곤 합니다. '왜 나는 이렇게까지 희생하는데, 저 고슴도치는 나를 위해 희생하지 않을까?' 고민하기도 합니다. '나는 밥도 하고 빨래도 하는데, 왜 저 고슴도치는 소파에만 누워있을까?'라는 불만이 생기기도 하고요. 이런 불만들이 고슴도치들 사이의 간격을 벌리곤 합니다.

이런 희생에는 몇 가지 문제가 있습니다. 비자발적인 희생은 올바른 희생이 아닙니다. 쇼펜하우어가 이야기하는 올바른 희생은 보상을 바라지 않는 자발적인 동정이어야 합니다. 아무런 기대 없이 그냥 나를 위해서 해야 하는 것이죠. 내가 하나를 했다고 해서 상대방이 다른 하나를 할 거라는 Give & Take 마인드를 내려놓아야 합니다.

타인의 희생은 내 마음대로 할 수 없습니다. 그것은 나의 의지가 아니라 타인의 의지이기 때문이죠. 그 의지는 결코 내 맘대로 될 수 없습니다. 그의 동정심은 딱 그만큼인 것이고, 그런 동정심을 가진 사람이 나와 함께하는 것뿐이니까요. 상대방을 바꾸려는 의지를 내려놓고 자신의 의지를 다시 바라볼 필요가 있습니다.

희생을 기대하는 희생은 동정심에 기인한 것이 아닌 외적 기준을 충족시키기 위한 행위일지도 모릅니다. 배우자라면 이렇게 해야 하고, 부모라면 이렇게 해야 한다는 사회적 기준을 충족시키기 위해 동정심이 결여된 행동을 하는 것이죠. 그리고 이것을 '희생'이라고 착각하는 것일지도 모릅니다. 하지만 이는 틀린 희생입니다. 고통으로 이어지기 쉬운 희생입니다.

희생, 'Sacrifice'는 어원적으로 sacer(신성한)와 facere(만들다)가 결합하여 만들어진 단어입니다. 단순한 헌신이 아닌, 신성한 상태로 만들어 신에게 바친다는 뜻에서 비롯되었습니다. 더 큰 가치를 위해 무언가를 내놓는 행위가 바로 희생의 본래 뜻입니다. 여러분이 하고 있는 희생을 살펴보았으면 좋겠습니다. 무엇을 위해 여러분의 어떤 것을 내놓고 있는지. 원하는 것은 바람직한지, 여러분이 내놓고 있는 것은 적절한지. 그리고 이 행위가 견딜만한지.

행복한 희생을 하셨으면 좋겠습니다. 영원한 것을 위해 적절한 방식으로 좋은 것을 내놓는 인생을 사셨으면 좋겠습니다. 그리고 그 희생만큼 여러분의 인격이 고귀하고 관대해졌으면 좋겠습니다. 그렇게 행복한 사람이 되셨으면 좋겠습니다.

사랑과 희생이 쉬웠으면 이런 글이 필요 없겠지만 사실 쉽지만은 않죠. 하지만 어떤 이들은 운 좋게 잘 맞는 사람을 만나 좋은 희생을 하며 행복한 사랑을 하기도 합니다. 생각보다 우리의 인생은 의지나 노력보다도 '운'에 의해 좌우되는 경우가 많으니까요. 이어서 이 '운'에 대해서 이야기해 보겠습니다.

행복을 찾는 방법 23

'타인을 위한 희생이 아닌 나를 위한 희생이 진짜 희생이다.'

좋은 희생은 남을 위한 행위가 아니라,
나를 더 단단하게 만드는 과정이어야 한다.
좋은 희생은 나를 깎아내는 것이 아니라,
더 고귀하고 관대하게 만드는 과정이어야 한다.
무턱대고 참는 게 아니라, 더 좋은 내가 되는 과정이어야 한다.

4
좋은 태도는
좋은 운을 끌어당긴다

"세상을 지배하는 세 가지 힘이 있다"라는 옛사람의 말은 매우 적절하다. 그것은 현명함과 강함과 운이다. 내 생각에는 운이 가장 큰 역할을 하는 것 같다. 우리의 인생행로는 항해하는 배에 비유할 수 있기 때문이다. 운명, 즉 행운이나 불운은 바람의 역할을 하면서, 우리를 앞으로 빨리 나아가게 하거나 뒤로 멀리 되돌려 보내기도 한다. 이에 맞서 우리 자신의 노력이나 행위는 별다른 효력을 발휘하지 못한다.[47]

"저기요. 제가 1번 하면 안 될까요? 평생 한 번도 제 인생을 주인공처럼 살아본 적이 없어요. 태어나서 딱 한 번만이라도 제대로 살아 보고 싶습니다. 제일 앞에서 당당하게… 부탁합니다."

456명의 참가자 중 16명의 참가자가 남았습니다. 다음 게임은 무슨 게임인지도 모른 채 순서를 골라야 하는 상황에서 1번과 마지막 번호 16번만 남았습니다. 성기훈(이정재 역)이 1번을 고르려던 순간에 누군가가 와서 부탁을 합니다. 결국 기훈은 1번을 양보하고 마지막 16번을 고른 상태로 다음 게임으로 넘어가죠.

하지만 다음 게임은 징검다리 건너기였습니다. 어떤 유리가 깨지는 유리인지, 강화유리인지 모르고 매 발걸음마다 둘 중 하나를 선택해서 건너야만 살아남을 수 있죠. 1번 참가자는 첫 발자국부터 깨지는 유리와 강화유리의 선택의 기로에 서게 됩니다. 그리고 뒤에 따라오는 사람들에게 어떤 다리가 죽음의 다리인지 목숨을 걸고 알려주는 역할을 하죠. 기훈은 1번이었으면 살아남기 어려웠을 텐데 운 좋게 양보했더니 마지막 순번으로 무사하게 다리를 건너게 됩니다.

드라마뿐만 아니라 현실에서도 운 좋은 사람을 이기기는 쉽지 않습니다. 운 좋게도 과거에 모시던 분이 승진해서 같이 승승장구하는 직장 동료, 운 좋게 산 아파트가 가격이 올라서 큰 부자가 되었다는 친구, 남들은 2년 넘게 준비하는 시험을 단 한 번의 시험에 운 좋게 합격했다는 사람들도 있습니다. 운인지 실력인지 헷갈리지만, 분명한 건 노력이나 실력만으로는 운을 이기기는 어렵다는 것입니다.

그래서 평균의 운을 가진 사람들은 허탈하곤 합니다. 심지어 나보다 노력하지 않았는데도 더 행복한 사람들에 대한 불평등의 감정으로 고통스럽기도 하죠. 그렇게 이 세상의 불공평함에 대해서 알아가면서 운에 무덤덤한 어른이 되어갑니다. 그리고 나를 찾아오지 않는 그 '운'은 나의 것이 아니라고 단념하기도 합니다. 그렇게 일말의 희망도 없이 고통스럽게 살아가기도 합니다.

운은 참 얄궂다

운은 참 얄궂습니다. 우리는 열심히 노를 저으며 살아가지만, 갑자기 역풍이라는 운은 우리를 다시 원위치로 돌려놓고, 옆에서 부는 바람은 우리가 원래 가고자 했던 곳과 다른 곳으로 우리를 데려다 놓기도 합니다. 그리고 이 바람은 언제 어디서 불어올지 모르기에 우리의 인생을 예측하고 나아가기는 어려운 것이죠.

이 얄궂은 운은 우리의 운명을 바꾸곤 합니다. 그 예를 백화점 의류매장에서 봅니다. 스마트폰이 나오기 전 'Kodak'은 대표적인 필름 카메라 기업이었습니다. 하지만 디지털화라는 바람을 무시하고 필름 카메라 사업만 고수하며 닻을 내리다 보니 그 자리에 머물러 있습니다. 하지만 그 자리에 더 이상 고객은 없죠. 그래서 최근에는 카메라 관련 사업이 아닌 의류 매장에서 'Kodak'이라는 브랜드를 쉽게 볼 수 있습니다. 전통을 지키려고 노력했지만 얄궂게도 운은 그들을 데리고 가지 못해 레트로 패션 감성이라는 새로운 곳으로 노질을 시작한 것입니다.

달리 방도는 없습니다. 이 얄궂음을 인정해야 합니다. 아무리 노력해도 우리는 이 바람을 이길 수 없다는 것을 인정해야 합니다. Kodak이 레트로 패션에 집중하는 것처럼요. 사람이 노를 젓는 힘에는 한계가 있습니다. 그 어떤 사람도 엔진을 달고 운을 거스르며 앞으로 나아가지는 못합니다. 결국 튼튼한 돛을 가지고 부단히 노질하는 것만이 인간이 할 수 있는 유일한 방법이죠. 우린 모두 같은 사람이니까요.

그래도 노질을 해야 한다

이렇게 운이 어떻게 작용하는지에 따라 내 운명은 달라집니다. 그리고 행복의 정도도 달라지죠. 그러면 우리는 어떻게 해야 할까요? 언제 불어올지 모르는 바람을 무작정 기다려야 할까요? 아니면 바람을 기다리며 육지에서 때만 바라봐야 할까요?

바람을 선택할 수 없습니다. 하지만 예측을 '시도'할 수는 있습니다. 그리고 이 예측은 지적인 생각에서 시작합니다. 예측한다고 해서 100% 맞을 거란 보장은 없습니다만 30%든 아니 10%든 맞출 수 있다면 포기하지 않고 노질할 이유가 생깁니다. 10번 중 한 번만 맞아도 운이 도와주는 인생이 되는 것이니까요.

야구 경기에서 30%의 확률만 맞아도 성공을 하는 타자들. 그들은 투수가 던지는 공을 그냥 치지 않습니다. 그 투수의 구종과 볼 배합 그리고 습관 등을 분석하며 매 타석에서 예측합니다. 그 예측이 30%가 맞으면 훌륭한 선수가 되는 것이고 25%만 맞아도 평균 정도의 선수가 될 수 있는 것입니다.

우리의 인생행로는 우리 스스로 만든 것이 아니라 두 가지 요인, 즉 언제나 서로 맞물려 서로를 변화시키는 일련의 수많은 일과 수많은 결정의 산물이다. 게다가 이 두 가지를 보는 우리의 시야는 항상 너무 협소하다. 그래서 우리는 결정을 미리 예언할 수 없고, 일어날 일은 더욱 예상할 수 없다.[48]

물론 예측은 틀릴 때가 많을 겁니다. 어쩌다 맞을 것입니다. 우리의 생각은 생각보다 협소하고, 이 세상은 내 생각대로 절대 돌아가지 않으니까요. 하지만 그래도 최대한 지적으로 예측해 보아야 합니다. 내 노력의 결과가 어디를 향하고 있는지, 이 고통을 참으면 무엇이 기다리고 있는지, 이 행복 다음에는 어떤 고통이 찾아올 것인지. 이 예측만으로도 바람에 대비한 마음의 준비와 그다음 바람을 타고 노질하기 위한 체력을 키울 수도 있으니까요. 바람은 쉬지 않고 불어오니까요.

100%의 태도로 살아야 한다

100%의 단어를 위해 살아야 합니다. A를 1, B는 2, 알파벳별로 숫자로 계산한 뒤, 철자의 각 환산값을 더했을 때 100이 나오는 단어가 뭔지 아시나요? 바로 'Attitude'(태도)입니다. 그래서 이 단어를 100% 혹은 100점의 단어라고 이야기합니다. 100점의 단어가 아니어도 태도는 행복을 위해 참 중요합니다. 좋은 태도를 가지고 살아야, 운이라는 바람이 내게 불어올 때까

지 계속 노를 저어나갈 수 있으니까요. 좋은 태도는 포기하지 않고 꾸준하게 나아가게 하는 힘이니까요.

바람이 언제 불어올지는 모르지만 내 태도를 통해서 바람이 불어올 때까지 기다리고, 바람이 불면 바람에 몸만 맡길 게 아니라 꾸준한 태도가 더해져 바람을 제대로 타고 갈 수 있어야 하는 것이죠. 바람이 밀어주는 것에 내 노질까지 더해지면 더 빨리 나아갈 수 있으니까요.

좋은 태도를 가지지 못하는 사람들은 노질하지 않고 바람만 기다리곤 합니다. 그때만 기다리며 한탕주의에 빠진 삶을 살기도 합니다. 심리학에서 자주 인용되는 1:2:7의 법칙이 있습니다. 10%의 사람은 항상 긍정적이고 적극적인 태도로 살아가고, 20%의 사람은 상황에 따라 달라지는 중립적인 태도, 70%의 사람은 소극적이고 반응 중심적인 태도로 살아가는 것입니다. 즉 꾸준히 긍정적인 태도로 살아가는 것 자체가 상위 10%의 태도입니다. 좋은 태도를 가지고 부단히 노력하고 계신 여러분들은 상위 10%인 것입니다.

좋은 태도를 가진 사람은 부단히 노질합니다. 바람을 탓하지 않고 긍정적이고 유연합니다. 이 유연함은 언제든 바람의 방향을 느끼고 돛의 방향을 바꿀 수 있는 준비를 하게 합니다.

그래서 결국 바람이 다른 방향에서 불어와도 돛의 방향을 바꿔서 대각선으로라도 앞으로 나아가는 것이죠.

> 그러다 보니 키를 반대 방향으로 돌려야 할 때도 생긴다. 다시 말해 우리는 언제나 그렇게 하면 주목적지에 더 가까워질 거라는 희망을 품고 현 상황에 따라 결정을 내릴 수밖에 없다. 그러므로 일어나는 일과 우리의 근본 의도는 서로 다른 방향으로 끌어당기는 두 개의 힘에 비유할 수 있다. 그리고 거기에서 생겨나는 대각선이 우리의 인생행로다.[49]

좋은 태도는 결국 대각선으로라도 바람이 우리를 밀어주도록 하고, 그 태도로 인해 그 어딘가에서 다시 다른 대각선을 향해 나아갈 힘도 줍니다. 최종 목적지가 아니라도, 그 중간 어디쯤에서 결국 우리가 원하는 곳으로 갈 힘을 우리에게 주는 것입니다.

그럼에도 불구하고 이 운을 사랑해야 한다

'Amor fati'(운명을 사랑하라)

운이 모여 만드는 운명. 그럼에도 불구하고 이 운명을 사랑해야 합니다. 이 세상이 결국 변하지 않고 내 뜻대로 되지 않을 것이라는 부정적인 운명이 아닌, 내가 더 좋은 운명을 향해 나아갈 수 있다는 나 자신의 행위가 이끄는 운명을 사랑해야 합니다. 나의 노력이 만들어낼 더 좋을 운명을 사랑하고, 나와 함께 하는 사람들이 더 행복해질 운명을 사랑하고, 내가 더 행복해질 운명을 사랑해야 합니다. 이 삶을 다시 한번 살아도 좋을 만큼 내 운명을 사랑해야 매 순간 좋은 태도로 살아갈 수 있으니까요.

바람은 언제나 붑니다. 운은 항상 크고 작은 바람을 만들며 우리를 흔들어댑니다. 바람을 느껴보세요. 그리고 꾸준히 좋은 태도를 견지하며 바람을 최대한 탈 수 있는 준비를 해보세요. 그리고 무엇보다 이 바람이 부는 망망대해를 사랑하세요. 역풍이 불어올 때는 이를 이겨내고 살아있는 나 자신을 사랑하고, 순풍이 불 때 느껴지는 기분 좋은 나아감을 사랑해야 합니다.

그러면 운이 좋지 않아도 침몰하지 않고, 운이 좋을 때는 더 멀리 갈 수 있는 행복한 인생이 될 수 있습니다. 운은 아무에게나 찾아오는 것이 아니고, 좋은 태도를 가지고 꾸준히 노력하는 사람에게 선물처럼 찾아가는 것이니까요. 좋은 태도는 언젠가 좋은 바람이 불어올 곳으로 우리를 데려다줄 테니까요.

운은 때로는 우리를 밀어주고, 때로는 우리를 제자리도 돌려놓으며 우리를 시험합니다. 하지만 배를 여러 척 띄어둔다면 어떤 배는 운 좋게도 더 멀리 나아갈지도 모르죠. 여러 척의 배를 만들고 좋은 운을 받아들일 확률을 높이는 방법. 창조에 대해서 다음 장에서 이야기해 보겠습니다.

행복을 찾는 방법 24

'좋은 태도를 오래도록 가지고 있는 사람에게 행복의 기회가 온다.'

운이 없다고 불평하지 말아라.
바람의 방향은 바꿀 수 없어도,
돛의 방향과 노질은 내가 선택할 수 있으니까.
좋은 바람을 타고 멀리 가는 사람들은
단지 운이 좋아서 멀리 간 것이 아니라,
바람의 방향을 예측하고
좋은 태도로 포기하지 않고 노질을 한 사람들이다.
그런 사람들만이 결국 원하는 곳으로 갈 수 있다.

5
지적인 행복

-
창조

가장 큰 만족을 주는 경우는 무언가를 만드는 것, 바구니든 책이든 만들어낼 때다. 어떤 작품이 매일 자신의 손으로 조금씩 만들어져 결국 완성되는 것을 볼 때 인간은 행복감을 느낀다. 예술품이나 저작이 그런 작용을 한다. 단순한 수공예품조차 그러하다. 물론 좀 더 우수한 종류의 작품일수록 향유도 더욱 고상해진다. 이러한 점을 고려해 볼 때 중요하고 위대하며 짜임새 있는 작품을 만들어낼 능력을 자각하는 재능이 뛰어난 사람이 가장 행복하다고 할 수 있다.[50]

좋은 운명을 만들 확률을 높이는 좋은 방법이 있습니다. 바로 인생이라는 바다 위에 배를 여러 척을 띄우는 것입니다. 비록 나라는 배는 역풍을 맞더라도 내가 띄워둔 작은 배들은 바람을 잘 타고 저 멀리까지 갈지도 모르니까요.

시대적으로 좋은 바람을 타기 힘들던 시절, 우리 부모님들이 힘든 희생도 마다하지 않고 우리를 열심히 키운 이유도 아마 이것일 테죠. 시대적 한계 때문에 본인들은 원하는 곳에 도달하기 어려웠지만, 내가 만들어낸 가장 소중한 창조물은 잘 살아남아서 본인들이 도달하지 못한 그곳에 도달했으면 하는 바람에서요.

공부를 열심히 해서 성적을 잘 받아오면, 원하는 대학이나 회사에 들어가면 부모님이 그렇게 기뻐하시는 이유입니다. 바로 나의 창조물이 좋은 곳으로 가고 있다는 행복을 느끼셨으니까요. 본인들의 희생으로 만들어온 것이 완성되는 모습이 보이기에, 큰 보람과 행복을 느끼셨을 테니까요.

창조는 가장 지적인 행복이다

사실 자녀들은 우리들의 최고의 창조물이지만, 제일 내 마음대로 되지 않는 창조물이기도 합니다. 그래서 우리는 최대한의 행복을 얻기 위해서 내 노력으로 '통제 가능한' 창조물을 만들고 이 과정을 통해서 행복을 느껴야 합니다. 이런 과정의 행복이 능동적인 행복이며, 지적으로 사는 방법이며, 고통을 가볍게 하는 과정이기도 합니다.

무언가를 내 손으로 직접 창조한다는 것은 고귀한 일입니다. 하지만 동시에 쉽지 않은 일이기도 합니다. 창조의 과정은 고통스럽기도 하니까요. 하지만 이 고통은 꽤 견딜만한 고통입니다. 왜냐하면 창조하겠다는 의지는 내가 품은 것이고 의지를 품었다는 것은 내가 감수할 만한 고통을 내가 직접 선택했다는 증거니까요. 그리고 하루아침에 창조하는 것이 아니기에 나만의 노력으로 고통의 그릇이 점점 커지는 과정이기도 하니까요. 또한 이 창조물을 통해 SMART한 목표를 달성하고자 하는 노력은 고통을 줄이고 마음을 강하게 할 수 있는 좋은 방법이기도 하니까요.

이렇게 창조는 고통스럽지만 인생을 살면서 가장 지적으로 느낄 수 있는 행복입니다. 이 세상에 없던 것을 만들고 이를 통해서 보람을 느끼는 일은 생각보다 아무나 할 수 있는 일이 아니거든요. 창조할 만큼 지적으로 노력했다는 증거이며, 창조의 과정을 견뎌냈다는 인내심의 결과이며, 창조의 결과를 받아들이는 마음의 그릇을 가졌다는 증거니까요.

행복한 창조의 조건

이렇게 좋은 창조를 하며 인생을 살면 고통은 줄이고 깊은 행복을 느끼며 살 수 있습니다. 그래서 창조는 행복에 이르는 가장 강력한 방법입니다. 하지만 자녀들을 창조물로 착각하는 사람들이 있듯이, 어떤 창조가 좋은 창조인지 헷갈리곤 합니다. 우리를 행복하게 하는 좋은 창조에는 몇 가지 조건이 있습니다.

우선 창조의 과정이 너무 고통스러우면 안 됩니다. 본질적인 의지를 해칠 정도로 과도한 고통은 창조의 욕망 자체를 없애버리곤 합니다. 창조는 올인All-in이 아니고 롱런Long-run의 과정인 것이죠.' 영어책 한 권 외워봤니?', '매일 아침 써봤니?'의 저자 김민식 PD는 이 고통스럽지 않은 창조의 대표적인 사례입니다. 그는 꾸준히 글을 쓰는 습관을 수년간 이어오며 본업과 상관없이 본인의 창조물을 통해 즐겁게 일을 하는 사람입니다. 최고가 아니어도 포기하지 않을 정도로 창조하는 습관이 행복한 창조의 과정을 만듭니다. 저 또한 이런 창조의 습관에 공감합니다. 매일 조금씩 글을 쓰며 창조하고, 고통스럽지 않을 정도로만 창조하거든요. 그래야 오래 할 수 있고, 꾸준히 할 수 있고, 포기하지 않으니까요.

조금 부족해도 상관없습니다. 완벽을 채우다가 고통스러워지면 쳐다보기도 싫어질 테니까요. 그냥 힘 빼고 툭툭 매일 하는 것만으로도 우리는 이 세상에 없던 것을 창조하고 있는 것이니까요.

그리고 내 필요에 의해서 창조가 시작되어야 합니다. 무분별한 모방에는 '정신'이 결여되어 있고 '정신'이 결여되어 있다는 것은 '의지'가 부족하다는 뜻입니다. 결국 의지가 박약한 창조물은 그 한계가 있습니다.

니콜라 테슬라라는 과학자를 아시나요? 오늘날 전 세계가 사용하는 전기 시스템인 교류 전기 시스템을 실용화시키고 무선통신의 선구자로 알려진 과학자. 현대 과학기술의 판을 짠 사람이라고 평가됩니다. 이 과학자는 모르더라도 일론 머스크의 테슬라는 아실 겁니다. 니콜라 테슬라의 혁신과 실험정신, 전기 에너지의 미래를 고려하여 일론은 회사명을 테슬라라고 정했습니다. 잘 아시다시피 테슬라는 일론의 혼이 담긴 창조를 통해서 이 세상에 없던 것들을 창조하고 있습니다.

그런데 '테슬라' 말고, '니콜라'라는 회사를 아시나요? 테슬라가 전기자동차를 만든다면 니콜라는 그럴싸한 수소 전기트럭을 통해서 제2의 테슬라가 되려고 시도했습니다. 하지만 니콜라의 창조는 테슬라와 달랐습니다. 정신도 없었고 기술적인 발전도 없었습니다. 모방만 있었을 뿐 기술적 발전이 따라오지 못하고 몇 년 만에 상장 폐지되는 결과를 맞게 되죠.

이는 회사뿐 아니라 작가들에게도 해당됩니다. 작가는 자신이 제일 잘 쓸 수 있는 책을 써야 합니다. 하지만 어떤 작가들은 조회수와 사회적 시선만 의식한 나머지 정신이 담겨있지 않은 책을 쓰는 작가들도 있습니다. 물론 한두 번 잘 팔릴 수도 있죠. 하지만 후속작이 나오기는 어렵습니다. 내가 필요가 없기에 창조할 필요도 없는 것이니까요. 순수한 동기를 통해서만 창조 활동은 지속될 수 있으니까요.

마지막으로 결과보다는 과정을 중시하는 태도가 중요합니다. 책을 쓰는 과정은 수개월에서 수년이 걸리는 고된 창조의 과정입니다. 하지만 책이 나오고 나서 결과에 대한 기쁨은 생각보다 오래가지 않습니다. 어려운 출판 시장에서 출간의 기쁨을 누리자마자 서점에서 사라져 버리곤 하니까요. 이런 상황에서 결과만을 통해 창조의 기쁨을 온전히 누리기는 현실적으로 쉽지 않습니다. 한두 권의 책을 쓴 작가들이 책 쓰기를 주저하는 이유이기도 합니다. 그 결과는 생각보다 행복하지 않을 수 있거든요.

그럼에도 불구하고 계속 쓰는 작가들이 있습니다. 베스트셀러 작가가 아니더라도 꾸준히 글을 쓰고 책을 내는 작가들이 있습니다. 창조의 과정에서 '살아있음'을 느끼는 사람들, '소명의식'을 창조를 통해 채워나가는 사람들, 꾸준한 과정이 좋은 '태도'가 되어 좋은 운이 올 때까지 최선을 다하는 사람들이 그들입니다.

그냥 만드는 사람들은 결과물에 연연하지 않습니다. 창조의 과정이 주는 기쁨을 깊게 만끽합니다. 그런 삶이 루틴이 되어 그들의 삶을 깊은 행복으로 채워나갑니다.

지금 제가 하고 있는 이 창조의 결과가 무엇일지는 모르겠습니다. 하지만 저는 이 창조의 과정이 좋습니다. 제가 몰입하고 있는 이 느낌이 좋습니다. 그리고 하나를 만들고 나면 또 다른 무언가를 만들어낼 수 있는 자신감이 생겨서 참 좋습니다. 그래서 계속 쓰고 있습니다. 조금씩 완성하는 이 느낌이 저를 행복하게 하니까요.

꼭 글이 아니어도 좋습니다. 여러분도 여러분이 가장 좋아하는 것을 창조하며 이 행복감을 꼭 느끼셨으면 좋겠습니다. 꽤나 큰 만족감을 줄 테니까요.

개인적인 과정에서 창조는 행복을 주지만, 사회적인 결과에서는 창조 그리고 노력과 같은 것은 성공과 실패로 나뉘곤 합니다. 그리고 이 사회적 시선이 우리의 의지와 맞물려 행복과 불행을 만들어내는 요소이기도 하고요.

힘들게 노력해도 성공이라고 정의되면 행복하지만, 힘들게 노력했는데 실패라고 정의되면 고통스럽기도 하니까요. 이어서 이 성공에 관해 이야기하도록 하겠습니다.

행복을 찾는 방법 25

'창조는 이 세상에 없는 행복을 창조하는 과정이다.'

'완성된 결과'보다 '완성되어 가는 나'를 통해
더 큰 창조의 기쁨을 얻을 수 있다.
내 의지로 하루하루 만들어내는 행위는
가장 지적이고도 고귀한 행복이니까.

6
성공은
채우는 것

침울한 사람은 열 가지 계획 중에서 아홉 가지를 성공하더라도 이 아홉 가지에 대해 기뻐하지 않고 그 한 가지 일을 실패한 것에 화를 낸다. 명랑한 사람은 한 가지 일에 성공한 것으로도 자신을 위로하고 유쾌한 기분을 가질 줄 안다.[51]

니체의 철학을 좋아하던 제가 어려운 쇼펜하우어를 찾으며 고통과 행복에 대해서 글을 쓰기 시작 한 건, 살면서 자연스레 겪었던 몇몇 실패의 감정이 마음을 흔들었기 때문입니다. 의미 있게 살았지만, 결과적으로 성공 혹은 실패라는 이분법적인 사회적 시선에서 제 인생을 바라보니, 딱히 성공적인 인생은 아닌 것 같았기 때문입니다.

  가까이서 바라보든, 멀리서 바라보든 누군가는 두 가지 결과로만 인생을 정의합니다. "이번 일은 아주 성공적이야.", "이번 시험은 망했어.", "아주 성공한 인생을 살았어.", "결국 실패한 인생으로 마무리했어."처럼요. 하지만, 인생은 성공 혹은 실패라는 단어로 정의할 만큼 단순하지만은 않습니다. 누구는 성공했다가 실패하고, 누구는 실패하다가 성공하고, 누구는 적당히 성공하고 실패하며 살아갑니다. 이렇게 이분법적으로 정의하기 어려운 게 인생인데, 우리는 자신의 인생을 이분법적으로 생각하곤 합니다. 그래서 더 고통스럽거나, 더 오만해지기도 하죠.

  짧은 인생을 살면서 흔히 성공이라고 생각되는 경험이 몇 가지 있었습니다. 하지만 세상이 이야기하는 성공이라는 선을 넘고 나니 그것은 더 이상 성공이 아니었습니다. 성공은 육상 경기에서의 피니시 라인과 같아서 그 선을 한 번 지나가게 되면 그 선은 바닥으로 힘없이 바닥에 내려앉고 눈앞에서 사라집니다. 그렇게 바라던 성공의 피니시 순간은 잠깐의 행복을 주지만, 생각보다 오래가지 못합니다. 조금 지나, 저 앞에 또 다른 피니시 라인이 눈에 들어오기 마련이죠.

이렇게 단기간의 노력과 그 노력을 통해서 얻는 명성에 중독된 삶을 살고 있는지도 모릅니다. 그래서 성공을 해도 오래 행복하지 못하고 피니시 라인을 넘지 못한 고통은 더 고통스러운 것이죠.

20점짜리 행복과 80점짜리 고통

모든 훌륭한 것이 천천히 성숙하듯, 명성도 오래 지속되는 것일수록 늦게 온다. 사후까지 이어지는 큰 명성은 마치 씨앗에서부터 천천히 자라는 떡갈나무를 닮았다. 한편 덧없는 명성은 1년이면 금방 자라는 식물과 같고, 잘못된 명성은 쉽게 싹트고 뽑히고 마는 잡초와 같다.[52]

덧없는 명성을 이루지 못해 고통스러워하고, 오랜 기간 만들어지는 명예를 위해 살지 못하니 고통스럽습니다. 게다가 10가지 계획 중 한두 개도 성공하지 못하니 20점밖에 되지 않는 인생인 것 같아 침울해집니다. 어떤 이들은 100점짜리 인생을 사는 것 같은데 내 인생은 이것도 안 되고 저것도 안 되니까요.

하지만, 어떤 사람은 20을 통해서 행복해하고, 어떤 사람은 80을 가지고도 고통스러워합니다. 어떤 사람은 20을 30으로 만들며 행복하지만, 어떤 사람은 80에서 70으로 내려갈까 노심초사합니다. 영원히 20점이라는 법도, 영원히 80점이라는 법도 없습니다. 그렇게 단편적으로 점수로 정의 내리는 것 자체가 말이 안 되는 게 인생이죠. 영원한 성공도, 영원한 실패도 없으니까요.

극단적인 결과로 자신을 몰아넣지는 않는가

현명하지 못한 사람들이 정의하는 성공과 실패라는 극단적인 결과. 이 때문에 생기는 현명하지 못한 고통 속으로 자신을 몰아넣고 있지는 않은지 생각해 보아야 합니다. 어떤 모습이 성공이고 어떤 모습이 실패인지 다시 정의해 보아야 합니다. 그리고 성적표에 나온 점수처럼 인생을 바라보고 있지는 않은지 생각해 보아야 합니다.

다들 행복하게 세상을 살아가는 것 같지만, 그들도 비슷한 고민을 하면서 살아갑니다. 대부분의 사람은 자신의 제한된 세계관 속에서 자신이 만든 무의식에 지배당하며 살아갑니다. 이 무의식과 제한된 세계관은 성공과 실패에 대한 편협한 시선을 만들어내곤 합니다.

무의식은 우리 몸이 편하기를 원하고 우리를 조종합니다.

그래서 열심히 하기보다는 적당히 하기를 바라고 과도한 노력보다는 적당한 노력으로 원하는 결과를 얻어내도록 합니다. 또한 고통을 감수하지 않으려고 하죠. 그래서 우리는 적당히, 최소한의 노력으로 성공하기를 원합니다. 이런 편협한 세계관이 성공과 실패에 대한 잘못된 시선을 만들어냅니다. 결과가 뻔하지만 과도하게 열심히 일하는 사람을 보며 헛고생한다고 생각하고, 사회가 정의하는 성공과 다른 일을 하는 사람을 실패했다고 생각합니다. 성공해도 실패를 해도 고통스러운 인생이 되어가는 것입니다.

성공과 실패를 다시 정의해야 합니다. 우연한 성공 때문에 자만해서 다른 고통에 빠지지 않도록, 성공의 과정 중 만나는 실패 때문에 인생 전체가 무너지지 않도록 말이죠. 그래야 고통스럽지 않은 인생을 살 수 있습니다.

의지의 본질에 집중해야 한다

자기 속에 지닌 본질만이 절대적인 가치를 갖는다. 위대한 영웅이나 학자들의 가치와 행복도 오직 그들의 참된 자아 속에만 깃들어져 있다. 그러므로 우리가 소중히 해야 할 것은 명성 그 자체가 아니라 명성을 얻는 과정이다. 바로 이 과정이

실체고, 명성은 단지 사물의 속성일 뿐이다.[53]

의지의 본질에 집중해야 합니다. 의지가 움직임을 만들어 내지만, 움직임이 곧 명성으로 이어지지 않는다는 것을 인정해야 합니다. 소중히 해야 할 것은 자아가 이끄는 대로 행동하는 과정이고, 초연해야 할 것은 행동이 만들어낸 결과입니다. 바람처럼 불어오는 '운'이 뒤에서 밀어주면 명성이 되기도, 앞에서 불어오면 고생이 되기도 하는 이 가벼운 사물의 속성에 대해서 이해해야 합니다.

쇼펜하우어의 『의지와 표상으로서의 세계』Die Welt als Wille und Vorstellung는 출간 당시에는 주목받지 못했습니다. 하지만 꾸준히 연구하며 글을 쓰다 보니 운이라는 바람은 말년에 불어왔습니다. 그렇게 그는 뒤늦게 주목을 받아서 지금까지도 그의 글이 읽히고 있는 것입니다.

그가 책을 출간하고 '실패'라고 정의 내리고 글을 쓰지 않았다면 수많은 사람들에게 영감을 주는 그의 글은 없었을 것입니다. 그가 책을 출간하고 베스트셀러가 되어서 성공에 취해서 다른 책을 쓰지 않았다면 그의 철학을 널리 알려줄 다른 연구 또한 없었겠죠. 성공과 실패라고 정의 내리지 않고 의지의 본질에 집중한 그의 노력으로 인해 우리들은 행복과 고통에 대해 더 쉽게 이해하며 위로받으며 살고 있는 것입니다.

인생의 점수는 매기는 게 아니라 채우는 것이다

흔히 의지의 결과를 통해 인생의 점수를 매기곤 합니다. 하지만 성공하고 부자처럼 사는 인생이 100점짜리 인생이라고 하면, 이 세상에 있는 누군가에 비해 우리는 항상 10점, 20점짜리 인생밖에 되지 않습니다. 상대평가로 인한 점수를 매기다 보면 우리의 인생 점수는 점점 떨어지기 마련입니다.

내 인생의 점수는 매겨지는 것이 아니라 채우는 것입니다. 오늘 하루 의지대로 살아낸다면 100점짜리 하루가 됩니다. 이번 프로젝트에서 100% 최선을 다했다면 100점짜리 프로젝트가 됩니다. 오늘 가족들에게 100%의 태도로 최선을 다했다면 100점짜리 부모가 될 수 있는 것입니다. 100세까지 산다고 하면, 우리에겐 36,500일의 기회가 있습니다. 그동안 하루하루를 의미 있게 최선을 다해서 채우면 되는 것이죠. 상대평가가 아니라 절대적으로 절대평가인 것이 인생입니다.

어렸을 때는 신나게 놀아야 하루의 점수를 잘 채우고, 학생 때는 열심히 공부해야 점수를 채웁니다. 부모가 되어서는 열심히 일하고 자녀들을 키워야 점수를 채웁니다. 직장인은 열심히 일하며 점수를 채우고, 예술가는 창조하며 자신의 점수를 채워갑니다. 이렇게 각자의 시대와 상황에 맞는 본인만의 의지를 채우며 점수를 채워나가는 것입니다. 이렇게 살면 점점 좋은 성적의 인생으로 채워져 갑니다. 과거에 잠시 방황했어도 오늘의 노력으로 평균 점수를 올릴 수 있습니다. 그렇게 순도 높은 짙은 인생으로 채워갈 수 있습니다.

성공과 실패. 이렇게 극단적으로 인생을 나누지 않으셨으면 좋겠습니다. 이 두 단어로 정의되기에 우리의 인생은 너무나도 다양하고 감동적이며 희로애락이 넘치니까요. 그리고 살아있는 한, 인생은 결과가 아니라 과정이니까요.

성공은 결과가 아니라 하루하루 채워가는 것이니까요. 오늘 조금 부족하면 내일 더 채우면 되니까요.

많이 갖는 것을 행복이라고 착각하는 사람들이 있습니다. 그래서 이 소유를 위해 성공을 원하기도 하죠. 하지만 소유는 행복과 비례하지 않습니다. 20점짜리 행복과 80점짜리 고통처럼 말이죠. 이어서 이 소유에 관해서 이야기해 보겠습니다.

행복을 찾는 방법 26

'성공은 결과가 아니라 과정이다.'

인생은 시험지가 아니라 캔버스다.
100점과 0점으로 나뉘는 것이 아니라,
매일의 붓질로 한 폭의 그림을 완성해가는 것이다.
오늘 해야 할 붓질을 정성스럽게 이어가다 보면
결국 나만의 그림이 그려진다.
그 그림을 두고 누구도
성공이니 실패니 단정 지을 수는 없다.

눈덩이처럼
커지는 행복

보통의 경우 우리는 시간의 영향을 예상해야만 했다. 하지만 어쩌면 사물의 무상함과 변화를 올바로 평가하기 위해서 경험이 꼭 필요한 것은 아닐지도 모른다. 사실 모든 조건은 그것이 유지되는 시간 동안에는 필연적인 것이다. 그렇기에 매년, 매월, 매일매일 영원히 그러한 권리를 유지할 것처럼 보인다. 그러나 그 어떠한 것도 영원히 그러한 권리를 지키지 못하며, 영원한 것은 오직 '변화한다'는 사실뿐이다.[54]

인생 자체도 거품과 비슷하지만, 우리 눈앞에 있는 물질도 마음속에 잠시 떠오르는 거품과 같습니다. 소유욕을 채우고자 노력하지만, 소유와 동시에 소유욕은 거품처럼 터져버립니다. 이렇게 원래 존재하지 않던 욕망은 언젠가는 사라지고 원래의 상태로 돌아갑니다. 몇 년 전, 유행한다고 샀던 옷이 옷장 어딘가에 처박혀있다가 결국 의류함으로 사라지는 것처럼 말이죠.

공짜로 얻은 건 없는데, 분명 시간과 노력을 통해서 얻었는데 결국 사라지고 맙니다. 너무 아쉽습니다. 하지만 또 사라질 것을 얻기 위해서 노력하면서 삽니다. 이미 과거의 거품은 터져버렸으니 더 좋은 거품을 얻으려고 합니다. 언제까지 이렇게 거품처럼 사라질 것들을 위해 노력하며 살아야 하는 걸까요? 없어지지 않을 것을 위한 노력은 없을까요? 덜 고통스럽고 가성비 좋은 인생을 위해서 더 이상 낭비할 필요는 없으니까요.

작심삼일과 유행하는 옷

새해 첫날마다 하는 다짐이 있습니다. 올해는 다이어트를 성공하고 남들처럼 멋진 몸매를 갖겠다는 다짐이죠. 그래서 큰맘 먹고 돈을 내고 헬스장을 끊곤 합니다. 작심삼일을 지나서도 열심히 합니다. 하지만 신정 때는 신나는 일이지만 구정이 지나면 궂은일이 되어버리죠. 며칠 쉬다 보니 헬스장에 가는 횟수가 줄어듭니다. 그렇게 비자발적으로 헬스장 이용객이 아닌 헬스장을 먹여 살리는 투자자가 되기도 합니다.

참 이상하게도 옷은 그렇게 많은데 옷장을 열 때마다 입을 옷은 없습니다. 그래서 급하게 최근에 유행하는 스타일의 옷을 구매합니다. 기왕이면 사람들이 많이 입고, TV에 많이 나오는 상표가 달린 옷을 구매하죠. 하지만 다음 계절이 돌아오면 유행은 지나 있고, 그 옷들은 옷장 한구석을 차지하고 있습니다. 버리기는 아깝지만 입기는 애매한 옷들이 그렇게 쌓여갑니다.

비단 헬스장과 옷뿐만이 아닙니다. 우리는 현재의 시점에서 필요하다고 생각하는 것을 소유하려고 하고, 그 소유물은 미래의 시점에서 불필요해지기에 경제적, 감정적으로 큰 행복을 느끼지 못합니다. 공허하거나 고통스러워지는 것이죠.

사람은 언제나 시간의 영향과 사물의 변화 가능성을 염두에 두고 있어야 하며, 지금 일어나고 있는 모든 것의 반대 상황을 즉각적으로 상상해 봐야 한다. 행복에는 불행을, 우정에는 적개심을, 좋은 날씨에는 나쁜 날씨를, 사랑에는 증오를, 신뢰하고 마음을 터놓는 상대에게는 배신과 후회를 생생하게 그려보고, 그 반대의 경우에도 그렇게 해보는 것이 좋다. 이렇게 하면 우리는 언제나 침착하게 행동할 수 있고 쉽게 속지 않을 것이기 때문에 인생을 살아가는 데 진정한 지혜의 원천을 지속적으로 제공하게 될 것이다.[55]

미래의 감정을 예측해야 한다

우리는 미래를 예측하려고 최대한 노력하지만, 미래의 감정까지는 예측하기 어렵습니다. 소유에 대한 욕망은 지금의 나를 고통스럽게 합니다. 소유하지 않으면 당장 불안해지니까요. 이 감정은 미래에도 동일할 것이라고 생각합니다. 지금 당장 소유하지 않으면 1년 후, 2년 후에도 고통스러울 것이라고 착각하는 것이죠.

하지만 소유에 대한 감정은 영원하지 않습니다. 오늘 소유하지 않으면 오늘 당장은 불쾌할지 모르지만, 미래까지 그 불쾌함이 이어지지 않습니다. 왜냐하면 미래에는 또 미래의 나름대로 필요한 것들이 생겨나니까요. 그리고 지금 필요한 것이 미래에도 필수적일 확률은 생각보다 적으니까요. 소유에 대해서 생각할 때는 단지 '갖는 것'만 생각해서는 안 됩니다. 시간의 흐름과 함께 생각해야 소유로 인해 덜 고통스러울 수 있습니다.

안타깝게 유명을 달리한 마이클 잭슨은 엄청난 부자였을 것 같지만 사실 그는 죽기 전 꽤 큰 부채를 가지고 있었습니다. 이 부채의 이유는 그의 과도한 소유욕 때문이었죠. 연간 500만 달러 이상 유지 비용이 들던 그의 저택 '네버랜드 랜치Neverland Ranch 유지비, 직원들의 임금과 각종 고정 비용은 그의 행복을 위협했습니다. 이 난관을 이겨내고자 공연을 준비하고 있었지만, 준비 도중에 갑자기 사망하고 맙니다.

지금의 소득이 시간이 지나도 영원할 것으로 생각했고, 지금의 소유물이 영원히 필요할 것으로 생각했던 그는 시간이 갈수록 외롭고 고통스러웠을 것 같습니다. 소유에 대한 욕망이 생길 때는 현재의 감정만 생각할 것이 아니라, 시간의 흐름과 함께 고려해야 할 필요가 있는 것입니다.

시간은 과연 우리 편일까?

시간은 우리의 편일 수도, 아닐 수도 있습니다. 시간을 잘 써야 우리 편이 되고 잘 못 쓰면 우리를 괴롭게 합니다. 누적과 복리의 효과는 우리의 인생에서 꼭 필요한 긍정적인 시간의 효과입니다. 하지만 미래를 예측하지 못한 현실의 선택은 시간이 지날수록 우리를 빚지게 합니다. 잘못된 선택은 우리를 시간에 빚지게 만들고 시간이 가면 갈수록 고통스럽게 만들어 내는 것이죠.

시간을 내 편으로 만들기 위해서는 시간의 변화에 따른 나의 감정의 변화를 생생하게 생각해 보아야 합니다. 점점 행복해지는 것까지는 아니더라도, 점점 더 불행하지 않기 위해서 말이죠. 이 소유물로 인해 과연 얼마나 오래 행복할 수 있을까를 생각해야 합니다.

지금 내 생각은 영원하지 않습니다. 지금 나의 소유물도 영원하지 않습니다. 오직 영원한 것은 내 생각과 소유물들로 인해 내 생각과 소유하고 싶은 것들이 변할 것이라는 사실이죠. 즉 나와 세상은 영원히 변한다는 사실이 가장 변치 않는 진리입니다.

그렇다면 이렇게 변화하는 인생에서 어떤 선택을 해야 소유와 시간이 나를 괴롭히지 않고 덜 고통스럽게 살 수 있을까요?

변하지 않는 것, 나의 기질

'사람은 고쳐 쓰는 거 아니다.'라는 말이 있습니다. 가끔 개과천선하는 사람들이 보이는 것 같기도 하지만, 장기적으로 보면 결국 맞는 말인 것 같기도 합니다. 큰 이벤트가 생겨나지 않는 한, 어지간해서 사람은 잘 변하지 않습니다. 이런 변하지 않는 자신의 기질을 알아야 합니다. 그리고 이에 맞는 선택을 해야 합니다. 기질 '대로'가 아닌 그 기질을 '개선'하는 선택을 해야 하는 것이죠. 그래서 나에 대해서 알아야 하는 것이 중요합니다. 내 기질을 아는 것이 의지를 조절할 수 있는 시작이기도 하니까요.

우리는 보통 똑같은 실수를 저지릅니다. 성격이 급한 사람은 매번 급한 성격 때문에 후회하고, 고민이 너무 많은 사람은 너무 고민이 많아서 타이밍을 놓쳐 후회하곤 합니다. 매번 이 실수는 반복되고 후회하며 살아갑니다.

고쳐야 합니다. 고치려면 나의 기질을 알고 기질을 개선하기 위해 노력을 해야 합니다. 내가 충동구매를 하는 편이라고 하면 의식적으로 충동구매를 하지 않도록 노력해야 합니다. 충동적으로 구매한 것들은 거의 시간의 흐름에 따라 잊히거나 사라져 버리기 마련이니까요.

아무것도 소유하지 말라는 이야기를 하는 건 아닙니다. 소유할 필요가 있는 것들은 소유해야 합니다. 대신 변하지 않고 내 옆에 남아있을 것들을 소유해야 합니다. 시간이 지나도 괜찮은 것들을 소유해야 합니다. 이는 개인적인 소유와 투자 등 모든 부분에 적용되는 진리입니다. 그리고 누구나 알 수 있는 진리죠. 하지만 순간순간의 감정과 비교, 탐욕 등이 만들어낸 결정들은 이 당연한 진리에 거슬리는 행동을 만듭니다. 그래서 후회하는 소비를 하고, 이 때문에 고통스러워지는 것이죠. 정말 좋은 것을 오래도록 소유하는 사람에게는 철학이 있습니다. 그리고 그런 철학은 세상을 바꾸기도 합니다.

언제나 검은 터틀넥과 청바지, 뉴발란스 운동화를 착용했던 스티브 잡스. 그것은 단지 스타일의 문제가 아니라 자신에게 정말 필요한 것만 소유하고 반복적으로 사용하겠다는 삶의 철학이었습니다. 이 미니멀리즘은 불필요한 선택에 에너지를 낭비하지 않고, 창조적인 일에 더 집중하는 데 도움을 주었습니다.

단순한 반복처럼 보일지 모르지만, 이는 '시간이 지나도 여전히 유효한 것만 소유하겠다'는 태도에서 비롯된 선택입니다. 그리고 그 소유로 인해 고통스럽지 않고 자신의 삶에 집중하고 세상을 이롭게 할 수 있었죠. 그에게 터틀넥과 청바지는 시간이 지나도 여전히 좋은 인생을 만들기 위한 '선택'이었습니다.

어떤 시간을 소유할 것인가?

물질적인 소유 외에 시간적인 소유도 마찬가지입니다. 우리는 본능적으로 하고 싶은 것을 하려고 합니다. 지루하면 재미있는 것을 찾아보고 싶고, 졸리면 자고 싶고, 화가 나면 화를 내면서 살죠. 하지만 이런 본능적인 시간의 소유는 시간이 지날수록 우리에게 불리해집니다. 우리를 고통스럽거나 공허하게 만들죠. 지금 내가 하고 있는 행동이 시간이 지나도 나에게 도움이 되는 행동인지 생각해 보아야 합니다.

복리효과는 시간이 지난다고만 누릴 수 있는 것이 아닙니다. 현재뿐 아니라 미래에도 좋은 것을 꾸준히 모을 때 얻을 수 있는 것입니다. 꾸준히 하다 보면 눈덩이처럼 커진다는 '스노우볼 효과'Snowball Effect는 잘 쌓이는 눈 위에서 굴려야만 발생합니다. 슬러시처럼 녹아가는 눈밭에서는 눈덩이를 굴려봤자 눈덩이는 커지지 않고 점점 녹으니까요.

쾌락과 기쁨을 주는 행동보다는 시간의 누적효과로 인해서 인생의 무기가 될 수 있는 행동을 해야 합니다. 스티브 잡스가 이야기했던 'Put a ding in the universe'(이 세상에 자신만의 자국을 남겨라.)라는 말은 미래에도 가치 있는 것을 꾸준히 할 때 이뤄질 수 있는 것입니다. 덜 쾌락적이고 당장 편하지는 않지만, 그 방향으로 눈덩이를 굴리다 보니 행복하게 되는 것입니다. 커지는 눈덩이를 보면서 고통은 잊어가고 더 행복하게 합니다. 그렇게 내 인생의 자국이 되는 것입니다.

하루하루의 시간을 무엇으로 채우고 계시나요? 몇 시간만 지나면 기억에서 모두 사라질 영상으로 채우고 계시진 않으신가요? 옷장은 무엇으로 채우고 계시나요? 1년만 지나도 입지 않을 불필요한 옷들로 채우고 계시진 않나요? 어떤 사람들과 만나고 사시나요? 몇 년만 지나도 관계가 소홀해질게 뻔한, 그런 사람들과의 관계 때문에 스트레스받으며 살고 계시진 않으신가요?

내 인생에 오래도록 남을 수 있는 것에 내 시간을 할애하세요. 5년, 10년이 지나도 입을 수 있는 것들을 사세요. 10년, 20년이 지나도 내 곁에 있을 사람들을 위해서 하루하루 시간을 보내세요.

이런 노력이 함께라면, 시간이 나를 가난하게 만들지 않을 것입니다. 시간이 나를 점점 더 부자로 만들어 줄 겁니다. 작지만 깊은 행복을 누리는 삶을 살 수 있을 겁니다.

지금은 작아 보이지만 나중엔 그 누구보다 큰 행복이 되는 그런 삶을 살 수 있을 것입니다.

모든 행복은 주먹만 한 작은 선택에서 시작되니까요.

행복을 찾는 방법 27

'점점 행복할 수 있는 법 : 오래 남을 것들을 계속 내 곁에 두는 것.'

시간이 나를 가난하게 하지 않는 법.
오래 남는 사람,
오래 남는 물건,
오래 남는 좋은 습관,
이것들을 꾸준히 모으면서 살아가기.

에필로그

    감정적으로만 느껴졌던 고통과 행복을, 이 책을 통해 조금은 이성적으로 바라보셨기를 바랍니다. 그 사유의 시간을 함께할 수 있었다면, 저에게는 큰 행복이 될 것 같습니다. 이제 여러분은 고통과 행복을 지적으로 이해하고, 스스로 조율하며 살아가실 수 있을 테니까요.

    고통을 줄이려면, 먼저 고통을 알아야 합니다. 욕망은 고통의 씨앗입니다. 그 씨앗이 상상력을 자극하고, 불만과 불행으로 자라 분노로 터질 때 고통이 시작됩니다. 이 반복이 인생을 고통스럽게 만드는 뫼비우스의 띠가 되죠.

    그래서 욕망을 다스리고, 애매한 상상보다는 명확한 계획을 세워야 합니다. 불만과 불행은 뱉어내고, 분노에 휘둘리지 말아야 합니다. 결국 우리는 이 과정을 계속 겪으며 조금씩 단단해질 테니까요.

사실 고통은 우리가 생각하는 것만큼 무겁지 않습니다.

고통이 아무리 우리를 찔러도, 마음속에 단단한 굳은살이 생기면 더 이상 아프지 않습니다. 나를 중심에 두고 세상을 살아가면 고통은 가벼워집니다. 그리고 목표가 명확할수록 고통은 참을 만합니다. 하루하루의 부단한 노력으로 고통의 그릇을 키워나가다 보면, 웬만한 고통은 고통으로 느껴지지도 않게 되죠. 그래도 여전히 고통스럽다면, 혹시 내가 고통에 너무 민감한 것은 아닌지 스스로에게 물어보세요. 사소한 불행은 무시하고, 내가 진정 감수해야 할 고통을 넘어서는 과정이 필요합니다. 그 과정이야말로 나의 고통의 그릇을 단단하게 만들어줄 것입니다.

행복은 거창한 것이 아닙니다. 내가 만든 행복의 말뚝을 깊게 박고, 그 위에서 하루를 살아내는 것만으로도 충분합니다. 그 말뚝이 깊을수록, 행복의 뿌리도 단단해집니다. 100% 행복하지 않아도 됩니다. 75%만 행복해도 충분합니다. 그리고 저 하늘의 별처럼 빛나지 않아도 괜찮습니다. 몰입을 통해 내가 낼 수 있는 최선의 빛을 내는 것, 그것만으로도 충분합니다. 그리고 가끔은 세상을 한 걸음 물러서서 바라보세요. 관조의 시간은 행복을 더욱 깊게 만들어줄 테니까요. 그 행복은 생각보다 자주 찾아오지 않으니까요.

인생에 너무 큰 기대를 걸지 않아도 괜찮습니다. 그저 잘 흘러가는 것만으로도 인생은 충분히 아름답습니다. 그리고 사랑하는 사람과는 적당한 거리를 두고 살아가세요. 가까우면 찌르고, 멀면 식습니다. 적당한 거리에서 서로를 존중하며 웃을 수 있을 때, 사랑은 오래갑니다. 그리고 사랑한다고 해서 무리한 희생을 할 필요는 없습니다. 진정한 희생은 자신을 위한 것이어야 하니까요.

좋은 태도로 살아가는 사람에게는 언젠가 반드시 운이 찾아옵니다. 그리고 세상에 단 하나뿐인 자신만의 창조를 하세요. 창조의 행복은 그 어떤 보상보다 깊고 오래갑니다.

성공과 실패라는 이분법 속에서 자신을 재단하지 마시고, 성장하고 변화하는 과정을 인생의 본질로 받아들이세요.

그 누구도 우리의 인생을 성공과 실패로만 정의할 수는 없습니다.

이 책으로 여러분의 고통이 조금은 가벼워지길, 그리고 행복이 더 깊어지길 바랍니다. 누구나 할 수 있지만 아무나 하지 않는 일, 고통을 가볍게 하고 행복을 깊게 하는 그 노력을 계속해 나가시길 바랍니다.

   열심히 살아도 고통스러운 이 시대에, 그렇게 살아가는 여러분은 이미 충분히 행복한 사람들입니다.

   여러분의 빛나는 인생을 응원합니다.

1 아르투어 쇼펜하우어, 『쇼펜하우어의 행복론과 인생론』, 571~572쪽, 홍성광 옮김(을유문화사, 2024)

2 아르투어 쇼펜하우어, 『의지와 표상으로서의 세계』, 366쪽, 홍성광 옮김(을유문화사, 2024)

3 아르투어 쇼펜하우어, 『당신의 인생이 왜 힘들지 않아야 한다고 생각하십니까』, 244~245쪽, 김욱 편역(포레스트북스, 2023)

4 아르투어 쇼펜하우어, 『쇼펜하우어의 행복론과 인생론』, 148쪽, 홍성광 옮김(을유문화사, 2024)

5 시라토리 하루히코 엮음, 『초역 니체의 말』 1, 38쪽, 박재현 옮김(삼호미디어, 2022)

6 아르투어 쇼펜하우어, 『쇼펜하우어의 말』, 32쪽, 가나모리 시게나리 엮음, 김재현 옮김(빅피시, 2024)

7 아르투어 쇼펜하우어, 『당신의 인생이 왜 힘들지 않아야 한다고 생각하십니까』, 151~152쪽, 김욱 편역(포레스트북스, 2023)

8 아르투어 쇼펜하우어, 『쇼펜하우어의 행복론과 인생론』, 28쪽, 홍성광 옮김(을유문화사, 2024)

9 아르투어 쇼펜하우어, 『쇼펜하우어의 행복론과 인생론』, 433~434쪽, 홍성광 옮김(을유문화사, 2024)

10 아르투어 쇼펜하우어, 『쇼펜하우어의 말』, 152쪽, 가나모리 시게나리 엮음, 김재현 옮김(빅피시, 2024)

11 아르투어 쇼펜하우어, 『쇼펜하우어의 행복론과 인생론』, 610쪽, 홍성광 옮김(을유문화사, 2024)

12 아르투어 쇼펜하우어, 『쇼펜하우어의 행복론과 인생론』, 222쪽, 홍성광 옮김(을유문화사, 2024)

13 아르투어 쇼펜하우어, 『당신의 인생이 왜 힘들지 않아야 한다고 생각하십니까』, 221쪽, 김욱 편역(포레스트북스, 2023)

14 아르투어 쇼펜하우어, 『쇼펜하우어의 인생수업』, 115~116쪽, 강현규 엮음(메이트북스, 2023)

15 아르투어 쇼펜하우어, 『의지와 표상으로서의 세계』, 430~431쪽, 홍성광 옮김(을유문화사, 2024)

16 아르투어 쇼펜하우어, 『내 삶에 새기는 쇼펜하우어』, 146쪽, 박찬국 엮음(위즈덤하우스, 2024)

17 아르투어 쇼펜하우어, 『쇼펜하우어의 행복론과 인생론』, 42쪽, 홍성광 옮김(을유문화사, 2024)

18 아르투어 쇼펜하우어, 『쇼펜하우어의 행복론과 인생론』, 42쪽, 홍성광 옮김(을유문화사, 2024)

19 아르투어 쇼펜하우어, 『의지와 표상으로서의 세계』, 423쪽, 홍성광 옮김(을유문화사, 2024)

20 아르투어 쇼펜하우어, 『쇼펜하우어의 인생수업』, 108~109쪽, 강현규 엮음(메이트북스, 2023)

21 프리드리히 니체, 『즐거운 학문·메시나에서의 전원시·유고(1881년 봄~1882년 여름)』, 315쪽, 안성찬, 홍사현 옮김(책세상, 2005)

22 아르투어 쇼펜하우어, 『남에게 보여주려고 인생을 낭비하지 마라』, 50쪽, 박제헌 옮김(page2, 2023)

23 아르투어 쇼펜하우어, 『쇼펜하우어의 말』, 38쪽, 가나모리 시게나리 엮음, 김재현 옮김(빅피시, 2024)

24 아르투어 쇼펜하우어, 『쇼펜하우어의 행복론과 인생론』, 602쪽, 홍성광 옮김(을유문화사, 2024)

25 아르투어 쇼펜하우어, 『남에게 보여주려고 인생을 낭비하지 마라』, 198~199쪽, 박제헌 옮김(page2, 2023)

26 아르투어 쇼펜하우어, 『쇼펜하우어의 인생수업』, 111쪽, 강현규 엮음(메이트북스, 2023)

27 아르투어 쇼펜하우어, 『쇼펜하우어의 행복론과 인생론』, 129쪽, 홍성광 옮김(을유문화사, 2024)

28 아르투어 쇼펜하우어, 『쇼펜하우어의 행복론과 인생론』, 597쪽, 홍성광 옮김(을유문화사, 2024)

29 아르투어 쇼펜하우어, 『쇼펜하우어의 인생수업』, 27~28쪽. 강현규 엮음(메이트북스, 2023)

30 프리드리히 니체, 『인간적인 너무나 인간적인』 1, 74~75쪽, 김미기 옮김, (책세상, 2001)

31 아르투어 쇼펜하우어, 『쇼펜하우어의 행복론과 인생론』, 602쪽, 홍성광 옮김(을유문화사, 2024)

32 아르투어 쇼펜하우어, 『쇼펜하우어의 행복론과 인생론』, 266쪽, 홍성광 옮김(을유문화사, 2024)

33 아르투어 쇼펜하우어, 『쇼펜하우어의 행복론과 인생론』, 33~34쪽, 홍성광 옮김(을유문화사, 2024)

34 아르투어 쇼펜하우어, 『쇼펜하우어의 말』, 87쪽, 가나모리 시게나리 엮음, 김재현 옮김(빅피시, 2024)

35	아르투어 쇼펜하우어, 『내 삶에 새기는 쇼펜하우어』, 242쪽, 박찬국 편역(위즈덤하우스, 2024)
36	아르투어 쇼펜하우어, 『의지와 표상으로서의 세계』, 264~265쪽, 홍성광 옮김(을유문화사, 2024)
37	아르투어 쇼펜하우어, 『쇼펜하우어의 행복론과 인생론』, 21~22쪽, 홍성광 옮김(을유문화사, 2024)
38	아르투어 쇼펜하우어, 『쇼펜하우어의 행복론과 인생론』, 237~238쪽, 홍성광 옮김(을유문화사, 2024)
39	박찬국, 『사는 게 고통일 때, 쇼펜하우어』, 106쪽, (21세기북스, 2021)
40	아르투어 쇼펜하우어, 『쇼펜하우어의 행복론과 인생론』, 503쪽, 홍성광 옮김(을유문화사, 2024)
41	아르투어 쇼펜하우어, 『쇼펜하우어의 말』, 213쪽, 가나모리 시게나리 엮음, 김재현 옮김(빅피시, 2024)
42	아르투어 쇼펜하우어, 『쇼펜하우어의 말』, 206쪽, 가나모리 시게나리 엮음, 김재현 옮김(빅피시, 2024)
43	아르투어 쇼펜하우어, 『쇼펜하우어의 말』, 168쪽, 가나모리 시게나리 엮음, 김재현 옮김(빅피시, 2024)
44	아르투어 쇼펜하우어, 『쇼펜하우어의 말』, 199쪽, 가나모리 시게나리 엮음, 김재현 옮김(빅피시, 2024)
45	아르투어 쇼펜하우어, 『쇼펜하우어의 말』, 216쪽, 가나모리 시게나리 엮음, 김재현 옮김(빅피시, 2024)
46	아르투어 쇼펜하우어, 『내 삶에 새기는 쇼펜하우어』, 222쪽, 박찬국 편역(위즈덤하우스, 2024)
47	아르투어 쇼펜하우어, 『쇼펜하우어의 행복론과 인생론』, 184쪽, 홍성

광 옮김(을유문화사, 2024)

48 아르투어 쇼펜하우어, 『쇼펜하우어의 행복론과 인생론』, 184~185쪽, 홍성광 옮김(을유문화사, 2024)

49 아르투어 쇼펜하우어, 『쇼펜하우어의 행복론과 인생론』, 185쪽, 홍성광 옮김(을유문화사, 2024),

50 아르투어 쇼펜하우어, 『쇼펜하우어의 행복론과 인생론』, 154쪽, 홍성광 옮김(을유문화사, 2024)

51 아르투어 쇼펜하우어, 『쇼펜하우어의 행복론과 인생론』, 31쪽, 홍성광 옮김(을유문화사, 2024)

52 아르투어 쇼펜하우어, 『쇼펜하우어의 말』, 77쪽, 가나모리 시게나리 엮음, 김재현 옮김(빅피시, 2024)

53 아르투어 쇼펜하우어, 『쇼펜하우어의 말』, 82쪽, 가나모리 시게나리 엮음, 김재현 옮김(빅피시, 2024)

54 아르투어 쇼펜하우어, 『쇼펜하우어의 인생수업』, 153쪽, 강현규 엮음(메이트북스, 2023)

55 아르투어 쇼펜하우어, 『쇼펜하우어의 인생수업』, 152쪽, 강현규 엮음(메이트북스, 2023)